BJÖRN ROHWER

#WM2014

DIE FUSSBALL-WM AUF TWITTER

VIELEN DANK AN ALL DIE LIEBEN MENSCHEN, DIE TWEETS FÜR DIESES PROJEKT ZUR VERFÜGUNG GESTELLT HABEN!

@_armarius_ +++ @_holger +++ @_maeander +++ @_RLassiter +++ @_unkaputtbar_ +++ @1909er +++ @2ndKauBoy +++ @42x73 +++ @555SCHUH +++ @9zehn100_8und70 +++ @abspann +++ @abususu +++ @agitpopblog +++ @amokk_gw +++ @AndiErnst +++ @andreas_clever +++ @andreasblock +++ @AndreasCueppers +++ @andreasterler +++ @anegend +++ @annatab +++ @anredo +++ @apfelnase +++ @ARDde +++ @arianeleeker +++ @astiae +++ @BackflipBacon +++ @BakelWalden +++ @bballinski +++ @benjaminnickel +++ @bennizander +++ @berlinscochise +++ @bestofbelarethy +++ @BlowballSlider +++ @BlueButterflyMK +++ @bobmachee +++ @boedefeld_ +++ @breitenbach +++ @breitnigge +++ @BurningBush78 +++ @bykuchel +++ @C_Holler +++ @c_stra +++ @cberdrow +++ @ccgutmann +++ @cedricwermuth +++ @chmelar_dieter +++ @clockknock +++ @CMetzelder +++ @collinasErben +++ @collinSue +++ @ContractSlayer +++ @cybersoccer +++ @dachshaarpinsel +++ @dani1305 +++ @Daniel_Uebber +++ @dannyro209 +++ @Das_BinIchHier +++ @DavidGutensohn +++ @DemireliDE +++ @dennishorn +++ @dennyf +++ @Der12teMann +++ @der711er +++ @DerBrainfucker +++ @derhuge +++ @DerWestenSport +++ @DF_Chris +++ @die_Ferse +++ @dielilly +++ @Die_Mutti +++ @dogfood +++ @dominikhammes +++ @donnerkugel +++ @DoroBaer +++ @drevoigt +++ @DrSchlaumixer +++ @DStullich +++ @DSubby +++ @Duchateau +++ @DuckMS +++ @EinAugenschmaus +++ @einheinser +++ @einsunterpar +++ @ElCobra +++ @ElGrecoAleman +++ @ElRey_MUC +++ @emshapro +++ @emtege +++ @EtienneToGo +++ @extra3 +++ @f_karig +++ @FCB_arthel +++ @FCBayern +++ @fcblogin +++ @fehlpass +++ @felgenralle +++ @fetzi6 +++ @FFliegge +++ @fiene +++ @Finn_Clausen +++ @Fischfrankie1960 +++ @fischer24 +++ @Flo_reis +++ @floaijan +++ @flopumuc +++ @FlorianKoenig1 +++ @fluestertweets +++ @ballimtv +++ @frechgeist +++ @Fritztram +++ @FrolleinBanane +++ @froumeier +++ @fums_magazin +++ @fussGNetzer +++ @goedcorner +++ @Grolmori +++ @GroteRuetze +++ @guek62 +++ @gulliverXO +++ @h_buchheister +++ @habichthorn +++ @HamburgRene +++ @HansSarpei +++ @hassanscorner +++ @Heinrichheute +++ @hellojed +++ @hermsfarm +++ @herr_stiller +++ @HHKarsten +++ @Hiersinho +++ @hirngabel +++ @Hizmaniac +++ @HochrainerBILD +++ @HollsteinM +++ @HrsticIvo +++ @humorlos4 +++ @HZSportTV +++ @IchBinJazz +++ @itsme_Franzi +++ @itstheicebird +++ @jamax_ +++ @JH_Gruszecki +++ @jimmyrocca +++ @JoeFrit +++ @JonathanDavidWe +++ @JOpfermann +++ @jsachse +++ @juligrimson +++ @KaiFeldhaus +++ @kaot50 +++ @karlo_kolumna +++ @kemperboyd +++ @kervinho53 +++ @khun_chris +++ @KiezkickerDe +++ @KillerPenny +++ @Killimanscharo +++ @Koenigvonsiam +++ @koerber +++ @koljabonke +++ @Konni +++ @ktschk +++ @kuehles_Blondes +++ @lassitudor +++ @lifeofmarco +++ @LinneMatt +++ @Loehrzeichen +++ @Lokoschat +++ @LordCamio +++ @Los_Sindos +++ @lostinnippes +++ @m_bourkel +++ @Mandelbroetchen +++ @ManfredAlbrecht +++ @manuspielt +++ @MarcoWandura +++ @MarcusBlumberg +++ @MarionTreu +++ @marktwain64 +++ @marti8nez +++ @martina_kkundk +++ @martinRafelt +++ @MartinVolkmar +++ @Marvin_Ronsdorf +++ @MatieuKlee +++ @Matthias_aus_Do +++ @Mazingu_Dinzey +++ @me_Bo +++ @Mediensalatinfo +++ @mellcolm +++ @Meltzinho +++ @Mett_Salat +++ @michael_Musto +++ @michaelumlandt +++ @MickyBeisenherz +++ @mingablog +++ @MitutaKopfweh +++ @MoDeutschmann +++ @MotzkiMattes +++ @MOundBJ +++ @mrdomen1k +++ @MrMobody +++ @MRunge93 +++ @MSneijder +++ @msportblog +++ @MTaddings +++ @musicholia +++ @MyNoirSpirit +++ @nachgedenkt +++ @namenlos4 +++ @NelaLee +++ @netter_herr +++ @NichtTomJones +++ @Nico +++ @Nico79 +++ @nieschwietz +++ @Nilzenburger +++ @ntvde_sport +++ @okonskiyouth +++ @oliverwurm +++ @onlinegott +++ @Pappklappe +++ @Peeknicker +++ @Peter_Ahrens +++ @phil_aich +++ @pk2604 +++ @Pokernatic +++ @popkulturjunkie +++ @ProSieben +++ @radioactivegrrl +++ @rafanelli +++ @RalfdeRaffe +++ @RalphVoss +++ @rammc +++ @realMarkt +++ @Regendelfin +++ @reifzahl +++ @RemmideM +++ @ReneMaric +++ @Rens1909 +++ @Reporter_vorOrt +++ @retovoneschen +++ @reussierer +++ @riedeldavid +++ @rimshotguy +++ @Robert_Weltbild +++ @rock_galore +++ @ruhrpoet +++ @runnertobi +++ @s_standke +++ @S666HB +++ @salizaemme +++ @SammyKuffour +++ @sanitario_schleic +++ @santapauli1980 +++ @sat1 +++ @schadhorst +++ @schaffertom +++ @schebacca +++ @Schisslaweng +++ @sechsdreinuller +++ @Schmmmidelinho +++ @schorlepirat +++ @schreibrephorm +++ @SebastianHackl +++ @Sky_AlexB +++ @Sky_Rollo +++ @Sky_Sascha +++ @Sky_Torben +++ @silvereisen +++ @SimonLinder +++ @sozial_gestoert +++ @sparschaeler +++ @spielbeobachter +++ @SpielSatzTor +++ @SPORT1 +++ @SPORT1fm +++ @Sportkultur +++ @sportschau +++ @spox +++ @stadioncheck +++ @stadtneurotikr +++ @steelfrage +++ @StefHauser +++ @stefherl +++ @Stephan535 +++ @StephanEwald +++ @STN_Benny +++ @sunny2k1 +++ @swissky +++ @syndikatze +++ @taz_kruse +++ @textautomat +++ @Thermitbomber +++ @ThomasTruk +++ @thorstenfaas +++ @Tilman_G +++ @Tim_Roehn +++ @Tina__3588 +++ @tknuewer +++ @TobiasEscher +++ @tokoo +++ @TomKnieper +++ @TorstenBeeck +++ @toschcrs +++ @tremonya +++ @turbozopf +++ @TuT_Parody +++ @TweetkickDE +++ @u2tourhans +++ @ungehalten +++ @uniwave +++ @uwolf67 +++ @VM_83 +++ @voegi79 +++ @waldschratpower +++ @wasi_hasi +++ @wawerka +++ @WersGlaubt +++ @wissenssucher +++ @wolfLorenz +++ @wortwicht +++ @xl_ent +++ @xxzackinhoxx +++ @yonny_s +++ @Zaister +++ @ZDFsport +++ @ZDFsportstudio +++ @zeilenkino +++ @zeitonlinesport +++ @zugzwang74 +++ @zuletztgelacht +++ @zwoelf_mag

Bibliografische Information der Deutschen Nationalbibliothek:
Die Deutsche Nationalbibliothek verzeichnet diese Publikation
in der Deutschen Nationalbibliografie; detaillierte bibliografi-
sche Daten sind im Internet über http://dnb.dnb.de abrufbar.

© 2014 Björn Rohwer

Umschlaggestaltung: Björn Rohwer
Satz: Björn Rohwer
Lektorat: Daniel Boll
Illustrationen: 8bit-football.com

Herausgeber: Björn Rohwer, Seminarstr. 12a, 25436 Uetersen

Herstellung: Amazon Distribution GmbH, Leipzig

ISBN: 978-3-00-046473-7

INHALT

VORWORT

Die erste #Hashtag- und Social-Media-WM ist entschieden: #Aha, wir sind #Weltmeister!

Was mit #BRACRO begann, hat ein ganzes Land mehrere Wochen in den Bann gezogen: Der #worldcup in #Brazil2014, die erste Weltmeisterschaft der #Hashtags. Eine #WM, bei der selbst der Veranstalter acht offizielle #Hashtags bekannt gab und User selbige unzählige Male nutzten.

Wir haben #Flaggegezeigt, sind mit der #FanForceOne oder #Fanhansa ins Land gereist und wurden #AnEurerSeite #EinTeam. Die #SorteioCopa2014 hatte alles: Ganz egal, wo #ManuelsKoffer gerade stand.

Wir waren #allin nicht nothing. We #riskeverything and we #startbelieving. Und spätestens nach dem Halbfinale #BRA-GER waren #Wiralle #b(e)reitwienie. Nicht zuletzt, weil es wenig Grund zum #ARGGER gab. Unsere #Aufstellung war perfekt: Egal, ob auf dem Platz im #DFBTeam oder als einer von vielen #Supportern im Netz.

Viel Spaß beim #SocialMedia-Rückblick zur #FIFAWM.

Euer @HansSarpei

DIE VORRUNDE

Weltmeisterschaft. Oder wie ich es nenne: Die vierwöchige Inklusion von uns Fußballnerds in der Mitte der Gesellschaft.
@GNetzer

Hundemüde. Wenig geschlafen. Spiele vorempfunden, Gruppen durchgetippt, Tore & Finale gesehen. #WM2014. Vorfreude auf #Fußball.
Verrückt?
@riedeldavid

#BRACRO

Endlich startet die Weltmeisterschaft! Nach einer kunterbunten Eröffnungsfeier, in der vor allen Dingen das Outfit von Pitbull und die Tontechnik zum Thema werden, startet Brasilien ins Turnier. Der Ton hat sich aber auch mit dem Anpfiff nicht gerade verbessert.

Special Feature heute: Réthy kommentiert mit dem Originalmikro von 1954. #WM2014 #WorldCup
@Konni

Nur elf Minuten müssen wir auf den ersten Treffer des Turniers warten. Marcelo ist der „Glückliche", der sich mit dem ersten Eigentor als Turniereröffnung in die Geschichtsbücher einträgt.

Eigentor. Facepalm-Trenner. Große Kunst. #bracro
@GameOvermeier

Wäre Marcelo – Stand jetzt – eigentlich Torschützenkönig der WM?
@Schmmmiddelinho

Während Béla Réthy bereits spekuliert, ob „sich hier eine Überraschung anbahnt", kommen auch die ersten Twitterer ins Grübeln.

Und wieder gewinnt am Ende im WM-Tippspiel die 19-jährige Praktikantin, die #CRO wegen der Pandamaske mag.
@TorstenBeeck

Wenigstens für eine knappe Viertelstunde, denn in der 29.

Minute zeigt ein gewisser Neymar, dass er auch ein kleines bisschen von diesem Sport versteht.

Didi Beiersdorfer hat hoffentlich die Nummer von diesem @neymar-jr – #BRACRO #HSV
@oliverwurm

Das Tor von Neymar ist noch keine fünf Minuten alt, und schon präsentiert sich der nächste Star dieser WM von seiner besten Seite: das Freistoßspray. „915 Fair Play Limit" heißt das Spray, das über ein komplettes Turnier eines der Hauptgesprächsthemen bleibt – da kann sich Neymar noch so anstrengen.

Dieses Spray ... und ich dachte, es wäre eine Erfindung vom #Postillon! Die Wahrheit ist manchmal witziger! #WM2014 #BRACRO
@HamburgRene

Bei der nächsten WM müssen die Schiris bestimmt die Konturen der Verletzten auf den Boden malen.
#wm2014
@Glubberer69

Zur Halbzeit ist das 1:1 absolut leistungsgerecht – für die Brasilianer aber deutlich zu wenig.

Klingt fast wie ne Matheaufgabe aus der Schule: Brasilien schießt zwei Tore. Wie steht es nach 45 Minuten?
#BRACRO #WM2014
@SPORT1

Das Grazilste, was wir in der 2. HZ bislang gesehen haben, war Nishimuras Freistoßliniensprayung. Künstlerisch wertvoll. #BRACRO #WM2014
@spox

13

Die zweite Halbzeit beginnt etwas gemächlicher als der erste Durchgang, hat dann aber noch Platz für einen weiteren „Man of the Match". Der Schiedsrichter Yuichi Nishimura fällt in der 71. Minute auf eine Schwalbe von Fred herein, gibt Elfmeter und macht sich damit selbst zum ersten Meme der Weltmeisterschaft.

Wir brauchen die Schwalbentechnologie im Fussball. #BRACRO
@guek62

Der Schiri hat wahrscheinlich am Abstandsspray geschnüffelt. #BRACRO #keinemachtdendrogen
@AndreasCueppers

Brasilien hat die WM, ihr braucht ihnen nicht auch noch Tore schenken. #bracro
@Hiersinho

Mal sehen, was Fred nachher zum Elfmeter sagt. Wir tippen auf „Es war die Hand Blatters". #BRACRO #WM2014
@spox

Blatter so: Das 2:1 nennt ihr schon Schiebung? Bringt mal eine Sommer-WM in die Wüste, dann können wir weiterreden. #WM2014 #BRACRO
@emshapro

Spätestens diese Fehlentscheidung sorgt dafür, dass immer mehr Zuschauer den Kroaten einen Sieg oder wenigstens noch den verdienten Ausgleich gönnen.

Kroatien ist der früheste „Weltmeister der Herzen" aller Zeiten. #BRACRO #zdf
@AndreasCueppers

Dass in der Nachspielzeit Oscar mit dem 3:1 das Spiel entscheidet, bleibt nur eine Randnotiz, während Twitter noch fleißig über den Elfmeter und die kämpferischen Kroaten diskutiert.

Eigentor, reguläres Tor, Elfmetertor und Kontertor. Brasilien zeigt, dass sie alle Torvarianten drauf haben. #bracro #wm2014 #wmtweet @TomKnieper

„Neymar, Neymar und Oscar treffen – bei Dalli Dalli hätte es jetzt geheißen: Der Neymar war doppelt, da müssen wir einen abziehen!" *@schlenzalot*

Brasilien 3:1 Mexiko

Aufstellung Brasilien: Julio Cesar – Dani Alves, Thiago Silva, David Luiz, Marcelo – Luiz Gustavo – Paulinho (ab 63. Hernanes) – Hulk (ab 68. Bernard), Oscar, Neymar (ab 88. Ramires) – Fred

Aufstellung Kroatien: Pletikosa – Srna, Corluka, Lovren, Vrsaljko – Modric, Rakitic – Perisic, Olic – Kovacic (ab 61. Brozovic) – Jelavic (ab 78. Rebic)

Tore: 0:1 Marcelo (11., Eigentor), 1:1 Neymar (29.), 2:1 Neymar (71. Foulelfmeter), 3:1 Oscar (90.+1)

Gelbe Karten: Neymar, Luiz Gustavo – Corluka, Lovren

Einen besonderen Rückblick auf das Eröffnungsspiel hat @ fums_magazin vorbereitet. Wie lässt sich ein Spiel besser zusammenfassen, als in Phrasen von Béla Réthy?[1]

DER UNGLAUBLICHE

FUMS FUSSBALL MACHT SPASS.

BÉLA RÉTHY
ARBEITSNACHWEIS

Jennifer Lopez und Claudia Leittle haben zumindest denselben Friseur. Pitbull nicht.	Die Brasilianer fassen sich schon im Tunnel an und danach der Einlauf	AIAIAIOIOIOI Die erste Chance der Partie hat Kroatien.	Bahnt sich hier eine Überraschung an? (nach dem 1:0 für Kroatien in der 11. Minute)	Neymar ist zwar sehr beweglich aber nicht aus Gummi
Das ist schon sehr behutsam – um das Wort „langsam" mal zu vermeiden	Schiedsrichter kommt aus Tokio. Dort ist Scolari 2002 Weltmeister geworden. (Yokohama war´s)	Frääätt! (gemeint war Fred)	Frett! (gemeint war Fred)	HUUULK! Verzieht!
Wir haben hier gerade kurz die Kopfhörer getauscht. Jetzt hoffe ich auf eine bessere Tonqualität.	NEYMAAA AAAAAAR	Ich guck mal, ob der Ball im Aus waaaaaa... Nein.	Julio Cesar In Rio geboren. Verheiratet übrigens mit der Ex von Ronaldo.	Modric. Rakitic. Modric. Zu Olic.
Er trifft ihn. Aber es ist kein Foul.	Kovac nimmt Kovavic runter. Für Kovacic kommt Brozovic.	Die Kroaten wagen sich spielerisch nach vorne	Da kommt der Sprayer wieder.	Das erspart Diskussionen. Die dann trotzdem stattfinden.
Diese Umarmung wird geahndet.	Frät. FRÄÄÄTT! Elfmeter!	Elfmeter wegen einer Berührung. Eine Berührung findet ja immer statt.	Der zart besaitete Oscar...	Neymar führt nach einem Spiel schon die Torschützenliste an.

---

1   Nein, hier wird nicht gepestet oder gelästert – ein paar markige Formulierungen gehören einfach zu einem Fußballkommentar.

#MEXCMR

Von den vielen Szenen des Eröffnungsspiels ist eigentlich nur der ungerechtfertigte Elfmeter am nächsten Tag noch in aller Munde. Die Ehre der WM-Schiedsrichter kann aber auch das Gespann der zweiten Partie nicht wirklich retten. Elf Minuten braucht es, bis es zur nächsten Fehlentscheidung kommt – dos Santos trifft das Tor, aber der Linienrichter hebt zu Unrecht die Fahne.

Zweites Spiel und schon entscheidet erneut ein Unparteiischer das Spiel. #MEXCMR
@Konni

Gibt's auch eine #abseitstechnologie? #frageausgruenden #MEXCAM
@JOpfermann

Als dann 19 Minuten später das nächste reguläre Tor aberkannt wird, fällt die Kritik lange nicht mehr so sachlich aus. Wieder ist dabei dos Santos der Leidtragende.

Alter Vatter, wie hat die FIFA ihre Refs bitte vor dem Turnier geschult? #MEXCMR #WM2014
@Konni

Die wahre Torjägerliste: Dos Santos 2, Neymar 1, Oscar 1.
@flopumuc

Die Schiedsrichter versuchen anscheinend, Sepp Blatter in der Unbeliebtheitsskala den Rang abzulaufen. #MEXCAM #WorldCup2014 #Brasil2014
@MRunge93

17

Wo kommen wir denn da hin, wenn jetzt auf einmal die Spieler die Ergebnisse mit Toren beeinflussen wollen. Ne, so geht das nicht. #MEXCMR
*@boedefeld_*

Notiz an mich selbst: Keine Trinkspiele mehr, bei denen ich bei jeder Fehlentscheidung einen Schnaps trinken muss. #mexcam #wm2014 #wmtweet
@TomKnieper

Bin für Modifizierung alter Bolzplatzregel: drei Fehlentscheidungen, ein Elfer. #MEXCAM
@h_buchheister

Wo konnte man sich denn vor der WM als Schiedsrichter bewerben? Habe das wohl verpasst ... #MEXCAM #mexkam
@dani1305

#hallohallo bin dafür zu spielen wie wir früher: ohne Schiedsrichter
@Sky_Rollo

Die drei Punkte sind für #Mexiko mindestens so verdient, wie auf der Armbinde der #WM #Schiedsrichter #MEXCAM
@MickyBeisenherz

Am Ende schafft es Oribe Peralta in der 61. Minute dann aber doch, den Ball ins Netz zu bringen, und ausnahmsweise lassen die Schiedsrichter dieses Tor auch zu.
Weil man sich ja nie sicher sein kann, blendet die Weltregie nach dem mehr als eindeutigen Tor dann auch brav die Torlinientechnologie ein – man will ja schließlich zeigen, was man für viel Geld angeschafft hat.

FIFA zeigt die Torlinientechnologie. Wie ein übereifriger Schüler, der

im Kunstunterricht seine tolle Mathearbeit präsentiert. #mexcmr
@SPORT1fm

Große Highlights konnte der weitere Spielverlauf dann nicht mehr bieten – na ja, wenigstens konnte Twitter noch über ein wirklich weltbewegendes Thema diskutieren: das Wetter.

Im Anschluss an das Spiel findet im Stadion noch die Schwimm-WM statt. ;-) #wmtweet #mexcam #wm2014
@amokk_gw

Weiter Dauerregen bei #mexcmr. In Katar wäre das nicht passiert ...
#WM2014 *hüstel*
@ARDde

Mexiko 1:0 Kamerun

Aufstellung Mexiko: Ochoa – Maza – Aguilar, Marquez, Moreno, Layun – Herrera (ab 90.+2 Salcido), Vazquez, Guardado (ab 69. Marco Fabian) – Peralta (ab 73. Hernandez), G. dos Santos

Aufstellung Kamerun: Itandje – Djeugoue (ab 46. Nounkeu), Nkoulou, Chedjou, Assou-Ekotto – Mbia, Song (ab 79. Webo), Enoh – Moukandjo, Eto'o, Choupo-Moting

Tor: 0:1 Peralta (61.)

Gelbe Karten: Moreno – Nounkeu

#ESPNED

Am Abend des zweiten Tages kommt es dann zum ersten wirklichen Knallerduell bei dieser Weltmeisterschaft – zum ersten Mal treffen sich die beiden Finalisten der letzten Weltmeisterschaft bereits in der Vorrunde wieder.
Erstes Highlight der Partie: Die Weltöffentlichkeit darf Arjen Robben beim Schuhebinden zusehen.

Tja Robben, Klettverschluss wär's #ESPNED
@C_Holler

Zur Abwechslung ist es dieses Mal wieder eine Fehlentscheidung des Schiedsrichters, die für das erste Tor sorgt. Zugegeben, es war schwer zu sehen, aber Diego Costa wurde nicht gefoult, sondern trat selbst dem niederländischen Verteidiger de Vrij auf den Fuß und rutschte dabei aus. Den anschließenden Foulelfmeter kann Xabi Alonso in der 27. Minute dann sicher versenken.

Ich würde sicherheitshalber noch mal die Torlinie mit dem Spray nachziehen. Ah, zu spät. #espned #WM2014
@Konni

Nie und nimmer Elfmeter! Das dritte Spiel mit krasser Fehlentscheidung! #wm2014 #ESPNED
@koljabonke

Kurz vor der Pause sorgt van Persie nach einer perfekten Vorlage von Blind nicht nur für den Ausgleich, sondern auch für eines der schönsten Tore der Weltmeisterschaft.

Flugkopfballlupfer.

20

@ktschk

PlayStation-FIFA-14-Goal #ned
@lifeofmarco

9 von 10 Stürmern stoppen den mit der Brust und schießen dann.
Van Persie hat mit dem Kopf mehr Gefühl als andere mit dem Fuß.
#ESPNED
@SebastianHackl

Abzug für den misslungenen High Five in der B-Note. #ESPNED
@manuspielt

In der zweiten Halbzeit dreht die Niederlande immer mehr auf und plötzlich fällt Tor um Tor. Erst trifft Robben, dann de Vrij (auch dieses Tor hätte wegen eines Fouls an Casillas gut und gerne abgepfiffen werden können), ...

Zur Abwechslung mal ein Tor, das man nicht geben darf... #ESPNED
#WM2014
@die_Ferse

... dann trifft van Persie in der 72. Minute nochmals ...

Spanien jetzt so viele Gegentore wie WM 2010 + EM 2012 zusammen. #ESPNED
@Zaister

Für Spanien fühlt sich das ein wenig so an wie für FCB das 0:4 gg.
Real. Irgendwie. Vielleicht.
@breitnigge

Mexiko spielt mit Libero, Spanien verliert. Ist das die WM 1986?
Läuft Montag Matthias Herget auf? Ich fände es gut.
@okonskiyouth

... und zur Krönung nochmals Robben.

Das 5:1 von Robben war das mit Abstand geilste Tor, das ich gesehen habe seit ... dem 1:1 von van Persie. #ESPNED
@msportblog

Schrittzahl Robbens irgendwo zwischen Kolibri und Herzflimmern. #ESPNED
@GNetzer

Die Zahl der Top-Chancen hätte dabei ohne Probleme noch einen höheren Sieg möglich gemacht.

Enttäuschend, diese Holländer. Nicht einmal das sechste Tor kriegen die gebacken. Peinlich. #ESPNED #WM2014
@Konni

Nach dem Spiel sind fast alle Zuschauer perplex und voll des Lobes für diese unglaubliche Leistung der Elftal.

Spanien dankt ab!
@Schmmmiddelinho

Das Beruhigende ist doch: Derjenige, der dieses Ergebnis exakt getippt hat, hat alles andere auf jeden Fall falsch. #TipÜbertreiber #WM2014
@Nilzenburger

Was. Für. Ein. Geiles. Spiel. #NEDESP
@Rafanelli

Wer mit diesem Kick nicht endgültig in WM-Stimmung kommt, dem ist nicht mehr zu helfen. Grandioses Spektakel. #ESPNED
@reussierer

Hey, @ARDde, ich will jetzt einen »Brennpunkt« zum Spiel! #espned
@senSATZionell

Aber Holland ist mit so einem Auftakt natürlich echt gefährlich. Von Null auf Titelfavorit in 94 Minuten. #ESPNED
@Mingablog

Kenne KEINE Mannschaft, gegen die Spanien dermaßen keinen Stich geholt hat. Peak over, Oranje boven #ESPNED
@duchateau

Na ja, ein bisschen Realismus findet sich doch:

Das war trotz allem übrigens noch nicht das Finale.
@Peter_Ahrens

Spanien 1:5 Niederlande

Aufstellung Spanien: *Casillas – Azpilicueta, Piqué, Sergio Ramos, Jordi Alba – Xabi Alonso (ab 63. Pedro) , Busquets – Xavi – Silva (ab 78. Fabregas), Iniesta – Diego Costa (ab 63. Torres)*

Aufstellung Niederlande: *Cillessen – Vlaar, de Vrij (ab 77. Veltman), Martins Indi – Janmaat, Blind – de Guzman (ab 62. Wijnaldum), de Jong – Sneijder – Robben, van Persie (ab 79. Lens)*

Tore: *1:0 Xabi Alonso (27., Foulelfmeter), 1:1 van Persie (44.), 1:2 Robben (53.), 1:3 de Vrij (64.), 1:4 van Persie (72.), 1:5 Robben (80.)*

Gelbe Karten: *Casillas – de Guzman, de Vrij, van Persie*

Die Geburtsstunde des Fliegenden Brasilianers.

Die Geburtsstunde des Fliegenden Holländers.

#CHIAUS

Für Chile, einen der unzähligen Geheimfavoriten dieser Weltmeisterschaft, sollte ein Sieg gegen Australien eigentlich ein Selbstläufer sein.

Anpfiff fürs letzte Spiel dieser Nacht: Geheimfavorit Chile gegen Außenseiter Australien. #wm2014 #chiaus
@Sportschau

Nachdem Sanchez in der 12. und Valdivia in der 14. Minute bereits die ersten beiden Turniertore für die Chilenen erzielen, scheint dieser Ersteindruck auch früh bestätigt – Australien war schließlich bis dahin noch ohne jegliche Torchance.

Wieder zu niedrig getippt. 11. Min. 1:0 #CHIAUS #WM2014
@fcblogin

Und gleich das Zweite Tor hinterher.
Wird der „Geheimfavorit" jetzt zum Favorit, was ja schon lange nicht mehr geheim ist!?
#CHIAUS #WM2014
@SPORT1

Kurz nach dem zweiten Tor erarbeitet sich Australien aber die ersten Chancen und kann durch Tim Cahill in der 35. Minute sogar den Anschlusstreffer erzielen. Von dort an entwickelt sich insbesondere in der zweiten Halbzeit eine enge Partie mit vielen Chancen der Australier.

Spannender, nein, VIEL spannender als gedacht. #chiaus
@fehlpass

Erst in der Nachspielzeit kann Beausejour das Spiel schließlich mit dem 3:1 für Chile entscheiden.

Wenn Poschmann WM-Paninis gesammelt hätte, würde ihm nicht andauernd der Beausejour-Bonjour-Fehler unterlaufen.
@SammyKuffour

Chile-Australien. Nachts um 1:41 Uhr begeistert guckend. Schafft auch nur eine WM.
@Sportkultur

Dank der späten Stunde kamen im Laufe des Spiels auch immer mehr Vertreter der Kategorie „Strafkästen" auf:

Guten Morgen. Beziehungsweise: Beausejour.
@h_buchheister

„Was schaust du?"
„Chile."
„Ich hab nicht gefragt, wie du schaust."
#CHIAUS
@siegstyle

Chile 3:1 Australien

Aufstellung Chile: Bravo – Isla, Medel, Jara, Mena – Aranguiz, Diaz, Vidal (ab 60. Gutierrez) – Valdivia (ab 68. Beausejour), Sanchez, Vargas (ab 87. Pinilla)

Aufstellung Australien: Ryan – Franjic (ab 49. McGowan), Wilkinson, Spiranovic, Davidson – Jedinak, Milligan – Bresciano (ab 78. Troisi) – Leckie, Oar (ab 69. Halloran) – Cahill

Tore: 1:0 Sanchez (12.), 2:0 Valdivia (14.), 2:1 Cahill (35.), 3:1 Beausejour (90.+2)

Gelbe Karten: Aranguiz – Cahill, Jedinak, Milligan

#COLGRE

Die Partie Kolumbien gegen Griechenland klingt auf dem Papier nicht nach dem größten Highlight – dementsprechend hält sich die Vorfreude auch in Grenzen.

Heute gucken meine Mädels ihr erstes Fußballspiel. Kolumbien gegen Griechenland. Man darf die hässliche Seite des Spiels nicht verschweigen.
@sechsdreinuller

Schon bevor das Spiel angepfiffen ist, konzentriert man sich lieber auf einen anderen Schauplatz. Auf Twitter liefen sich die Witze über Kokain und Sparzwänge ein enges Kopf-an-Kopf-Duell.

Keine Sorge. Irgendwer zählt die Kokswitze. #colgre #col #gre
@hassanscorner

Bereits fünf Minuten nach dem Anpfiff fällt dann das erste Tor für Kolumbien – Armero trifft und die Kolumbianer versammeln sich zum Spielhighlight: dem Torjubel.

Berufswunsch: Jubelposenerfinder.
@Killimanscharo

Über die gesamte Spielzeit wird der Sieg Kolumbiens nie wirklich gefährdet – Gutierrez erhöht in der 58. Minute, und James Rodriguez trifft in der Nachspielzeit zum 3:0-Endstand. Grund genug, bereits die ersten Abgesänge auf Griechenland zu twittern.

Griechenland hat der Welt die Tempel, die Demokratie und den

Standfußball geschenkt.
@Peter_Ahrens

Früher haben die Griechen den Marathon „erfunden". Jetzt verweigern sie komplett jegliche Bewegung, die über 5 km/h geht. #COLGRE #wmtweet
@amokk_gw

Besonders viel Häme bekommt bei der griechischen Niederlage Theofanis Gekas ab.

Früher war Gekas nie zu sehen und machte dann das entscheidende Tor.
Das mit dem Tor klappt nicht mehr, der Rest blieb gleich #wmtweet
@koenigvonsiam

Gekas' Leistungsnachweis: _____
_____AUSZWEIME-
TERNANDIELATTE_AUSWECHSLUNG #COLGRE
@flopumuc

Kolumbien 3:0 Griechenland

Aufstellung Kolumbien: Ospina – Zuniga, Zapata, Yepes, Armero (ab 74. Arias) – Aguilar (ab 69. Mejia), Sanchez – Cuadrado, James Rodriguez, Ibarbo – Gutierrez (ab 76. Jackson)

Aufstellung Griechenland: Karnezis – Torosidis, Manolas, Sokratis, Holebas – Maniatis, Katsouranis, Kone (ab 78. Karagounis) – Salpingidis (ab 57. Fetfatzidis), Samaras – Gekas (ab 64. Mitroglu)

Tore: 1:0 Armero (5.), 2:0 Gutierrez (58.), 3:0 James Rodriguez (90.+3)

Gelbe Karten: Sanchez – Sokratis, Salpingidis

#URUCRC

Uruguay gegen Costa Rica begann wieder mit zwei Themen abseits des eigentlichen Geschehens: Die hautengen Trikots der Spieler aus Uruguay und das überschwängliche Lob Tom Bartels für jede Aktion des deutschen Schiedsrichters Dr. Felix Brych.

Ganz ehrlich: Mir egal, ob Felix Brych pfeift oder nicht. Ich will Fußball sehen. #URUCOS
@Finn_Clausen

Und wie Brych die Pfeife hält. Einfach klasse!
@kervinho53

Handspiel? Bartels hat keinen Schimmer, was Brych gepfiffen hat, aber: „auf den erstem Blick eine richtige Entscheidung" #URUCRC
@RemmideM

Andere schwärmen weniger über Dr. Brych, sondern denken immer noch an das gestrige Top-Spiel.

Nach DEM Spiel gestern wirkt der Rest grad wie St Pauli mit Verletzungspech gegen Krefeld. #URUCOS
@C_Holler

Wie erwartet kann Uruguay bereits in der ersten Halbzeit in Führung gehen. Cavani verwandelt in der 24. Minute einen Foulelfmeter und trifft zum 1:0-Pausenstand.

„Uruguay führt 1:0. Die Partie ist auf gar keinen Fall entschieden" – geradezu kühnes Halbzeitfazit von Bartels.
@dogfood

In der zweiten Halbzeit dreht dann Costa Rica immer mehr
auf. Erst trifft Joel Campbell in der 54. Minute, ...

... bevor Duarte nur drei Minuten später den Außenseiter in
Führung bringt.

Lange drängt Costa Rica daraufhin auf die Vorentscheidung,
die schließlich in der 84. Minute auch fällt. Urena trifft und
Costa Rica gewinnt 3:1 gegen Uruguay.

Kurz bevor Dr. Felix Brych die Partie abpfeift, holt sich Maxi
Pereira in der Nachspielzeit nach einem groben Foulspiel

noch den ersten Platzverweis des Turniers ab.

*Am Ende besinnt sich Uruguay dann doch noch auf seine Stärken ...
:) #WM2014 #URUCRC*
@CMetzelder

Die roteste Karte seit langem. Tätlichkeit vom Feinsten. #URUCRC
@Konni

*Dass #Pereira bei dem Trikot irgendwann im wahrsten Sinne der
Kragen platzt, war wohl abzusehen. @sportschau #WM2014
#URUCRC*
@schorlepirat

*Rote Karte für Uruguay. Es gibt sie noch, die Konstanten im Welt-
fußball*
@zugzwang74

*Fazit des Spiels: keine Fehlentscheidung, und Bartels heiratet Dr.
Brych – beide in den Shirts der Urus ... oder so ählich*
@arianeleeker

Uruguay 1:3 Costa Rica

Aufstellung Uruguay: Muslera – Maxi Pereira, Lugano, Godin, Caceres – Arevalo Rios, Gargano (ab 60. Gonzalez) – Stuani, Rodriguez (ab 76. Hernandez)
– Forlan (ab 60. Lodeiro), Cavani

Aufstellung Costa Rica: Navas – Duarte, Gonzalez, Umana – Gamboa, Junior
Diaz – Borges, Tejeda (ab 74. Cubero) – Ruiz (ab 83. Urena), Bolanos (ab 89
Barrantes) – J. Campbell

Tore: 1:0 Cavani (24., Foulelfmeter), 1:1 J. Campbell (54.), 1:2 Duarte (57.), 1:3
Urena (84.)

Gelbe Karten: Lugano, Gargano, Caceres -

Rote Karte: Maxi Pereira (90.+4, grobes Foulspiel)

31

#ENGITA

Ein neuer Abend, ein neues Topspiel. Nach wenigen Minuten kommt es bereits zu ersten Jubelstürmen, aber Sterling trifft mit einem großartigen Schuss nur das Außennetz.

Bei Kießling wäre der drin gewesen. #ENGITA
@GNetzer

Auch danach geht es zunächst flott weiter. Insbesondere England versucht dabei immer wieder das Spiel an sich zu reißen.

Was haben #ENG und #ITA an 30 Grad und 60 % Luftfeuchtigkeit nicht verstanden? #vollgas #WM2014 #ENGITA
@CMetzelder

Das Abtasten zu Beginn ist bei dieser WM auch eher Heavy Petting. #WM2014 #ENGITA
@f_karig

Nach etwa einer halben Stunde flacht das Spiel etwas ab, England zieht sich zurück ...

Dass England gegen Italien mauert, ist auch ein Treppenwitz der Fußballgeschichte. #ENGITA
@TobiasEscher

... und Marchisio macht das 1:0 für Italien. Pirlo lässt den Ball von Verratti durch und gibt so seinem Teamkollegen die Möglichkeit, Italien in Führung zu bringen. Der eigentliche Torschütze rückt dank dieser „Vorarbeit" komplett in den

Hintergrund.

Best No-Touch-Assist! #pirlo #ENGITA
@itstheicebird

Pirlo: Genial. Selbst, wenn er nicht zum Ball geht. Körpertäuschungs-
vorlage zum 1:0 für Italien #engita
@SPORT1

Pirlo gilt seit ungefähr 36 Jahren als „zu alt" ... So viel dazu #engita
@IchBinJazz

Die Antwort der Engländer lässt dann nicht lange auf sich
warten. Sturridge gleicht zwei Minuten später aus. Besonders
viel Aufmerksamkeit bekommt nach dem Treffer allerdings
wieder nicht der Torschütze, denn der englische Physiothe-
rapeut renkte sich beim Jubeln das linke Sprunggelenk aus
und muss vom Platz getragen werden.

Eben gehört:'Englischer Physio verletzt sich beim Jubeln.' Der müsste
aber doch wissen: Vorsicht bei ungewohnten Bewegungen. #wm2014
#ENGITA
@BakelWalden

Nach der Halbzeitpause – unterbrochen von einem sehr ei-
genartigen Wort zum Sonntag mit gewolltem Fußballbezug
– dauert es nur fünf Minuten, bis Mario Balotelli Italien wieder in Führung bringt.

Die Engländer scheinen das Wort zum Sonntag in der Halbzeitpause
nicht verkraftet zu haben! #engita #WM2014
@schmmmiddelinho

Nach dem Gegentreffer drängen die Engländer mit viel Einsatz auf den Ausgleich, stehen jetzt aber wieder einem ita-

lienischen Riegel gegenüber und können so kein Tor mehr erzielen. Besonders wenig Glück hat dabei Wayne Rooney, der auch bei seiner dritten Weltmeisterschaft weiter auf sein erstes WM-Tor wartet.

Wayne Rooney gibt aber auch alles dafür, um die Null in Sachen WM-Toren zu halten. #wm2014 #engita
@Sportschau

#ENGITA
Für Franz Beckenbauer läuft die 90-tägige Stadionsperre.
Für Wayne Rooney läuft die 90-tägige Torsperre.
@chmelar_dieter

England 1:2 Italien

Aufstellung England: Hart – G. Johnson, Cahill, Jagielka, Baines – J. Henderson (ab 73. Wilshere), Gerrard – Welbeck (ab 61. Barkley), Sterling, Rooney – Sturridge (ab 80. Lallana)

Aufstellung Italien: Sirigu – Darmian, Barzagli, Paletta, Chiellini – de Rossi – Candreva (ab 79. Parolo), Verratti (ab 57. T. Mota), Pirlo, Marchisio – Balotelli (ab 73. Immobile)

Tore: 0:1 Marchisio (35.), 1:1 Sturridge (37.), 1:2 Balotelli (50.)

Gelbe Karte: Sterling -

#CIVJPN

Der dritte Tag der Weltmeisterschaft bietet nach England gegen Italien aber noch einen einmaligen Leckerbissen: das 3-Uhr-Spiel.

Wer nicht heute Nacht um 3 Uhr mit mir auf der Fanmeile Elfenbeinküste vs. Japan guckt, ist nur ein erbärmlicher Eventfan. #civjpn
@senSATZionell

Zum Anstoß erst mal mit der Gasfanfare auf'n Balkon... Ist ja WM.
#civjpn
@ElRey_MUC

Die Partie braucht etwas, um in Fahrt zu kommen – man will es den echten Fans ja auch nicht zu einfach machen, mitten in der Nacht wach zu bleiben. Nach einer Viertelstunde passiert dann aber doch etwas, als Honda gleich die erste richtige Chance der Japaner im Tor versenkt.

Dass die FIFA und Hyundai überhaupt einen Honda auf dem Platz zulassen ... #CIVJPN
@zwoelf_mag

Im Rest der ersten Hälfte und zu Beginn der zweiten Halbzeit will beiden Teams nicht recht etwas gelingen. Nach der Einwechselung von Didier Drogba geht es dann aber plötzlich ganz schnell für die Elfenbeinküste. Drogba betritt den Platz in der 62. Minute, Bony erzielt das 1:1 in der 64. Minute und Gervinho bringt die Ivorer in der 66. Minute in Führung.

Tooooooooor, 2:1. Der Drogba-Effekt? #WM2014 #CIVJPN
@mrdomen1k

Kaum spielt #Drogba mit, dreht die Elfenbeinküste das Spiel. Un-
glaublich! #CIVJPN #CIV #WM2014 #WorldCup2014 #Brasil2014
#FifaWorldCup
@MRunge93

Toll, einmal auf'm Klo und direkt zwei Tore verpasst.
#civjpn
@BackflipBacon

Die Japaner schaffen es danach nicht, für die Ivorer irgendwie gefährlich zu werden, und müssen sich so 2:1 geschlagen
geben. Die Fans vor den Fernsehern feiern derweil das eigene Durchhaltevermögen.

#CIVJPN Ich war dabei.
@Finn_Clausen

Beim Spiel #CIVJPN eingeschlafen, bei „Immer wieder sonntags"
aufgewacht. Kulturschock für den Rest des Tages.
@koerber

Elfenbeinküste 2:1 Japan

Aufstellung Elfenbeinküste: Barry – Aurier, Zokora, Bamba, Boka (ab 75.
Djakpa) – Tioté, Serey Dié (ab 62. Drogba) – Gervinho, Yaya Touré, Kalou –
Bony (ab 78. Ya Konan)

Aufstellung Japan: Kawashima – Uchida, Morishige, Yoshida, Nagatomo – Ya-
maguchi, Hasebe (ab 54. Endo) – Okazaki, Honda, Kagawa (ab 86. Kakitani)
– Osako (ab 67. Okubo)

Tore: 0:1 Honda (16.), 1:1 Bony (64.), 1:2 Gervinho (66.)

Gelbe Karten: Bamba, Zokora – Yoshida, Morishige

#SUIECU

Auch zum Start dieser Partie erhitzt wieder ein Thema abseits des Platzes, genauer gesagt auf der Tribüne, die Gemüter.

PR-Coup: Schweizer Verband sponsert rote Sitze im Stadion, damit nicht auffällt, dass keine Schweizer da sind #WorldCup2014 #SU-IECU
@MarcoWandura

In Südamerika mag man Karneval, viele Zuschauer haben sich als rote Sitzschale verkleidet #SUIECU
@jimmyrocca

Nettes Spiel gegen die Langeweile: «Stuhl oder Nati-Fan?» #srfbrasil #joizWM #SUIvsECU
@salizaemme

Insbesondere die Schweizer kommen schwer in die Partie und kassieren nach 22 Minuten auch das erste Gegentor. Nach einem Freistoß von Ayovi kann Enner Valencia den Ball komplett unbedrängt ins Tor köpfen.

Schweizer können einfach nicht aus ihrer Haut und verhalten sich auch im Zweikampf gerne mal neutral. #SUIECU
@GNetzer

Aber hätte dieser Treffer überhaupt zählen dürfen? Kurz bevor er den Freistoß getreten hat, wurde der Ball von Ayovi nochmals aus dem extra aufgesprühten Halbkreis genommen und besser positioniert.

Das gibt es nicht! Der Ball war nicht in der Markierung. Trotzdem

zählt die Bude für Ecuador. Was'n Auftakt zur WM-Party ... #SU-
IECU #WM2014
@SPORT1fm

Noch eine Anmerkung: Wenn der Ref den Freistoß ausführen lässt,
obwohl der Spieler den Ball verlegt hat, stimmt er dem »neuen« Ort
zu ...
@CollinasErben

... Insofern war die Ausführung rein regeltechnisch hinzunehmen.
Nur führt ein Nichteingriff den Sinn der Markierung eben ad ab-
surdum. (af)
@CollinasErben

Auch bis zum Pausenpfiff bringt die Schweiz wenig Zählba-
res zustande – dementsprechend auch die Kritik auf Twitter.

Darf die Schweiz als Inbegriff der Neutralität eigentlich Angreifer
am Feld haben? Gab es darüber eine Volksabstimmung? #SUIECU
#WM2014
@phil_aich

In der zweiten Halbzeit beweist Ottmar Hitzfeld dann aber
ein goldenes Händchen. Der frisch eingewechselte Mehmedi trifft in der 48. Minute zum Ausgleich, was der Schweiz
einen deutlichen Aufwind gab. In der 70. Minute trifft die
Nati wieder das Tor – allerdings wird Drmics Tor zu Unrecht
aberkannt.

Der Beweis, dass Blatters Einfluss sinkt: Seinen Landsleuten wird ein
Tor aberkannt. #wmtweet #WM2014 #SUIECU
@JonathanDavidWe

Die Entscheidung fällt dann erst am Ende der Nachspielzeit.
Bei einem Konter wird Behrami gefoult, rappelt sich aber

wieder auf, der Schiedsrichter lässt Vorteil laufen, und Seferovic, wieder ein Joker, trifft in letzter Sekunde zum 2:1.

Am Ende entscheidet der Wille, in der 93. Vollgas im Konter zu geben. Oli Kahn bekommt gerade feuchte Augen vor Freude. #SUIECU
@GNetzer

Diese WM ist alles andere als langweilig. #SUI mit dem längeren Atem – und dem 2:1-Sieg #SUIECU
@Duchateau

1. Spieltag noch nicht vorbei und schon das 5. Spiel, was gedreht wurde. Bei der WM 2010 waren es 4, im gesamten Turnier. #SUIE-CU #WM2014
@ElGrecoAleman

Schweiz 2:1 Ecuador

Aufstellung Schweiz: Benaglio – Lichtsteiner, Djourou, von Bergen, Rodriguez – Behrami, Inler – Shaqiri, G. Xhaka, Stocker (ab 46. Mehmedi) – Drmic (ab 75. Seferovic)

Aufstellung Ecuador: Dominguez – Paredes, Guagua, Erazo, W. Ayovi – Noboa, Gruezo – A. Valencia, Montero (ab 76. Rojas) – E. Valencia, F. Caicedo (ab 70. Arroyo)

Tore: 0:1 E. Valencia (22.), 1:1 Mehmedi (48.), 1:2 Seferovic (90.+3)

Gelbe Karten: Djourou – Paredes

#FRAHON

Eines der bisherigen WM-Highlights ist die Wucht, mit der die Nationalmannschaften ihre Nationalhymnen schmettern – nicht in diesem Spiel. Die Partie muss dank technischer Probleme ohne Nationalhymnen angepfiffen werden.

Die FIFA hat die Hymnen von Frankreich und Honduras von der Ethikkommission für 90 Tage gesperrt #frahon
@gelsen

WM-Spiel ohne Nationalhymnen. Das riecht nach Wiederholungsspiel. #frahon
@voegi79

Jetzt als Mannschaft a cappella die Hymne schmettern und für immer zur Legende werden! #FRAHON
@GNetzer

Hymnenlos durch die Nacht ... #frahon
@hassanscorner

Erwartungsgemäß wird das Spiel von Beginn an fast nur von Frankreich gemacht. In der ersten Halbzeit werden zunächst aber alle Bemühungen der Franzosen entweder durch die Latte ...

Bei jedem Lattentreffer der Franzosen sehe ich Louis de Funès vor meinen Augen: Nein! – Doch! – Ohhh! #FRAHON
@GNetzer

... oder die rustikal einsteigenden Spieler aus Honduras zunichtegemacht.

Wenn schon keine Tore, denkt sich Honduras, schiessen wir wenigs-
tens ein paar Kreuzbandrisse #FRAHON
@breitenbach

Mit diesem Spiel hat sich die Mannschaft von #HON übrigens auto-
matisch für die Rugby-WM qualifiziert #FRAHON #wmtweet
@DStullich

Bei dem harten Spiel ist es wenig überraschend, dass das erste Tor dann auch durch einen Foulelfmeter fällt. In der 43.
Minute kommt es zur Gelb-Roten Karte für Wilson Palacios
und zum Foulelfmeter für Frankreich, den Benzema zur verdienten Führung verwandelt.

Palacios hat förmlich drum gebettelt, runter zu segeln. #FRAHON
@schaffertom

In der zweiten Halbzeit kommt es dann auch endlich zum
ersten ernstzunehmenden Einsatz der Torlinientechnologie.
Der Torhüter Valladares lenkt einen Kopfball von Benzema
selbst in Richtung Tor und versucht ihn schnell von der Linie zu fischen. Erst durch die Torlinientechnologie wird klar,
dass der Ball tatsächlich in vollem Umfang die Linie über-
quert hat.

Nationalhymnen-Fail.
Torlinientechnik ohne Probleme.
Made my day. #frahon
@hassanscorner

Lamentieren die jetzt echt über die Entscheidung der Torlinientech-
nik? Sind die besoffen?
@MartinRafelt

Torlinientechnologie eingeführt und mehr Diskussionen, als vorher.
Ich glaube, das war der Sinn dahinter. #FRAHON
@radioactivegrrl

Wirklich spielerisch aktiv werden die Honduraner aber auch nach diesem Tor nicht mehr – oder nach dem 3:0 von Benzema.

Foul von #HON. Die Geschichte des Spiels. #FRAHON #WM2014
@SPORT1fm

Frankreich 3:0 Honduras

Aufstellung Frankreich: Lloris – Debuchy, Varane, Sakho, Evra – Cabaye (ab 65. Mavuba) – Pogba (ab 57. Sissoko), Matuidi – Valbuena (ab 78. Giroud), Griezmann – Benzema

Aufstellung Honduras: Valladares – Beckeles, Bernardez (ab 46. O. Chavez), Figueroa, Izaguirre – Garrido, W. Palacios – Najar (ab 58. Claros), Espinoza – Bengtson (ab 46. O. Garcia), Costly

Tore: 1:0 Benzema (45., Foulelfmeter), 2:0 Valladares (48., Eigentor), 3:0 Benzema (72.)

Gelbe Karten: Evra, Pogba, Cabaye – O. Garcia, Garrido

Gelb-Rote Karte: *W. Palacios (43.)*

#ARGBIH

Wie bei jeder Weltmeisterschaft gibt es auch in diesem Jahr wieder einen Neuling: Bosnien-Herzegowina nimmt zum ersten Mal teil und trifft im ersten Spiel gleich auf den zweimaligen Weltmeister Argentinien. Mit einem Eigentor in der dritten Minute trägt sich der WM-Debütant auch schnell in die Geschichtsbücher ein.

Schnellstes Eigentor der WM-Geschichte von Kolasinac! Bin stolz, Schalker zu sein. #S04 #ARGBIH #WM2014
@wasi_hasi

Nach einem kurzen Schock finden die Bosnier aber gut zurück ins Spiel und erarbeiten sich immer wieder Chancen – beim Pausenpfiff ist die Führung für die Argentinier sogar ein wenig schmeichelhaft. Insbesondere Messi wird dabei kritisiert.

Was wir bisher vermissen: Messi und gelbe Karten. #wm2014 #argbih
@sportschau

Messi gerade wie der eine Typ früher auf dem Bolzplatz, der immer versuchte, alle alleine auszudribbeln. #ARGBIH
@MSneijder

Zumindest bis Messi dann in der 65. Minute sein Können aufblitzen lässt und zum 2:0 trifft.

Messi – das sehr selten zu sehende Monster von Loch Ness. Da isses. #ARGBIH
@flopumuc

Eben noch geschimpft, macht Messi sein zweites WM-Tor.
2:0 #ARGBIH #WM2014
@SPORT1

Mit dem ersten WM-Tor für Bosnien-Herzegowina macht Vedad Ibisevic das Spiel in der 85. Minute nochmals spannend, am Ende muss sich der Neuling aber knapp den Argentiniern geschlagen geben.

Argentinien 2:1 Bosnien-Herzegowina

Aufstellung Argentinien: Romero – Campagnaro (ab 46. Gago), F. Fernandez, Garay – Zabaleta, Rojo – Mascherano – Maxi Rodriguez (ab 46. Higuain), di Maria – Messi – Aguero (ab 87. Biglia)

Aufstellung Bosnien-Herzegowina: Begovic – Mujdza (ab 69. Ibisevic), Bicakcic, Spahic, Kolasinac – Pjanic, Besic – Hajrovic (ab 71. Visca), Misimovic (ab 74. Medunjanin), Lulic – Dzeko

Tore: 1:0 Kolasinac (3., Eigentor), 2:0 Messi (65.), 2:1 Ibisevic (85.)

Gelbe Karten: Rojo – Spahic

#GERPOR

Am fünften Turniertag darf auch die deutsche Nationalmannschaft in die Weltmeisterschaft starten. Wer wird auflaufen? Vertragen die Deutschen solch ein Wetter?

*Jens Jeremies als Rechtsverteidiger. Dann nach 2 Min. – zusammen
mit Cristiano Ronaldo – auswechseln. #matchplan #gerpor
@Schmmmiddelinho*

*Niederlage:
Löw raus, Luschen, scheiß Millionäre, kein Stürmer
Sieg:
Löw=Gott, Männer, elf Freunde, kein Stürmer
#GERPOR
@gulliverXO*

*Mutti schwitzt. Wäre sie mal bauchfrei gekommen.
@michaelumlandt*

*Schnelles Angeberwissen: 6 Bayern standen zuletzt beim
74er-WM-Finale auf dem Platz im @DFB_Team #GERPOR
@oliverwurm*

Beide Teams gehen mit viel Tempo in die Partie. Das erste
Tor der Partie fällt allerdings nach einem Elfmeter. Joao Pereira klammert im Strafraum an Götze, der Schiedsrichter
zeigt auf den Punkt, und Müller trifft in der 12. Minute zum
1:0.

*In DE sagen sie: Klarer Elfer. Im Ausland: Hm. #goetze #GERPOR
@Duchateau*

In der 32. Minute folgt dann gleich der nächste Treffer – Hummels köpft den Ball nach einer Kroos-Ecke mit voller Wucht in die Maschen.

Deutsches Tor nach einer Standardsituation: Die Hölle gefriert, Hummels feiert. #gerpor
@Rafanelli

Fünf Minuten später sorgt Pepe für die wohl spielentscheidende Szene. Der portugiesische Verteidiger foult Müller und legt danach noch einmal mit einem Kopfstoß nach. Das Foul an sich war verhältnismäßig harmlos, aber nach dem Stoß blieb dem serbischen Schiedsrichter Milorad Mazic keine andere Wahl: er stellt Pepe vom Platz.

Was sagt die Headnutcontrol-Technologie? #GERPOR
@guek62

Pepe, iss'n Snickers. Bei entscheidenden Spielen wirst du immer zur Diva! #GERPOR #WorldCup2014
@STN_Benny

Jeder andere würde sich ja nach dem Kopfkontakt am Boden wälzen. Müller steht auf und plärrt ihn an. Classy. #GERPOR
@flopumuc

Pepe hat eine Tätlichkeit begangen, um klarzustellen, dass das davor keine Tätlichkeit war. An der Logik sollte er arbeiten ... #GERPOR
@spox

Und Müller? Der legt in der Nachspielzeit der ersten Halbzeit gleich nochmals nach und trifft zum 3:0-Pausenstand.

Auch in der zweiten Halbzeit erarbeitet sich die Deutsche Nationalelf zahlreiche Chancen, und in der 78. Minute krönt Thomas Müller seine Leistung mit einem dritten Treffer. Schürrle zieht ab, Rui Patricio lässt abprallen und Müller staubt ab.

Klose?
Vielleicht stellt ja auch Müller den Torrekord von Ronaldo ein ...
#gerpor #wm2014
@riedeldavid

... und jetzt alle im Chor: Portugal ist nicht Schweden. Portugal ist nicht Schweden. Portugal ist nicht Schweden. #wm2014 #gerpor
@sportschau

Spätestens mit diesem Treffer war der Tag für die Portugiesen nicht mehr zu retten. Dass Christiano Ronaldo kurz vor Schluss nochmals zum Freistoß antritt und den Ball in einer Ein-Mann-Mauer des 1,70 großen Phillip Lahm versenkt, setzt den kuriosen Höhepunkt der Klatsche für Portugal.

Ein-Mann-Mauer mit Lahm, und Ronaldo schafft es nicht vorbei.
#breitwienie #gerpor
@fehlpass

Immer wenn ich künftig schlechte Laune habe, schaue ich mir den Freistoß von #Ronaldo auf Lahm an. #WM2014 #GERPOR
@bykuchel

Aber auch der etwas eigenwillige Freistoß der deutschen Nationalelf ist ein Thema:

Auch wenn noch nichts erreicht wurde: diese tolle Leistung musste gefeiert werden!

Über eine Kleinigkeit darf sich Twitter dann noch nach dem Abpfiff freuen: Die ARD vergisst beim Onlinestream den Ton abzustellen, und man kann Matthias Opdenhövel lauschen, wie er sich erkundigt, ob Thomas Müller tatsächlich „Man of the Match" geworden ist, denn man kann es „bei den schwindeligen FIFA-Flöten" ja nie wissen. So schnell etabliert man ein neues geflügeltes Wort!

Deutschland 4:0 Portugal

Aufstellung Deutschland: Neuer – J. Boateng, Mertesacker, Hummels (ab 73. Mustafi), Höwedes – Lahm – Khedira, Kroos – Özil (ab 63. Schürrle), Götze – T. Müller (ab 82. Podolski)

Aufstellung Portugal: Rui Patricio – Bruno Alves, Pepe, Joao Pereira, Fabio Coentrao (ab 65. André Almeida) – Miguel Veloso (ab 46. Ricardo Costa) – Joao Moutinho, Raul Meireles – Nani, Cristiano Ronaldo – Hugo Almeida (ab 28. Eder)

Tore: 1:0 T. Müller (12., Foulelfmeter), 2:0 Hummels (32.), 3:0 T. Müller (45.+1), 4:0 T. Müller (78.)

Gelbe Karte: – Joao Pereira

Rote Karte: Pepe (37.)

Bilderrätsel mit Joel Campbell: Wo ist der Ball?

Pepe verdeutlicht, dass er Müller nicht gefoult hat.

#IRNNGA

Es muss auch einmal Spiele zum Durchschnaufen geben –
Spiele, in denen eigentlich gar nichts passiert – Spiele, bei
denen Twitter die Hauptattraktion ist – Spiele wie Iran gegen
Nigeria.

*Flanke Mahdavikia, Kopfball Hashemian und im Gegenzug legte
Okocha für Oliseh auf.*
Und dann bin ich aufgewacht. #IRNNGA
@Zugzwang74

Iran vs. Nigeria – das Dörrobst unter den WM-Spielen. #irnnga
@voegi79

*Ooops. Duell der Believer. Der Gottesstaat Iran gegen den Gottes-
staat Nigeria. Da weiß nicht mal Gott, wem er Daumen drücken
soll? #IRNNGA*
@StephanEwald

Riecht schwer nach dem ersten 0:0 der WM. #irnnga
@hassanscorner

*DAS ist so die Kategorie WM-Spiel, mit der ich aufwuchs. #IRNN-
GA*
@C_Holler

*Leute, wehe es beschwert sich noch mal jemand über Regionalliga
bei uns #IRNNGA #WM2014*
@HrsticIvo

*Man muss #IRNNGA gesehen haben, um die bisherigen Spiele erst
richtig würdigen zu können. #WM2014*
@Schleic

Die gute Nachricht: In den Gruppenspielen gibt es keine Verlänge-rung. #irnnga
@marktwain64

Der HSV Fan erinnert sich an Heimspiele gegen Greuther Fürth!
#irnnga #WM2014
@Schmmmiddelinho

Habe mir jetzt schon ein T-Shirt drucken lassen: ‚I survived Iran vs. Nigeria.' #IRNNGA
@voegi79

Ein 0:0, nach dem beide Mannschaften mit -1 Punkten in der Tabelle geführt werden sollten.
@agitpopblog

Iran 0:0 Nigeria

Aufstellung Iran: A. Haghighi – Hosseini, Sadeghi, Montazeri, Pooladi – Hey-dari (ab 89. Shojaei), Nekounam – Teymourian, Hajsafi – Dejagah (ab 78. Jahanbakhsh) – Ghoochannejad

Aufstellung Nigeria: Enyeama – Ambrose, Omeruo, Oboabona (ab 29. Yobo), Oshaniwa – Mikel – Onazi, Azeez (ab 69. Odemwingie) – Musa, Moses (ab 52. Sh. Ameobi) – Emenike

Tore: -

Gelbe Karte: Teymourian -

#GHAUSA

Kaum hat das Spiel begonnen, schon führt die USA gegen Ghana. Clint Dempsey erzielt in der 29. Sekunde den fünftschnellsten Treffer der WM-Geschichte und schockt Ghana.

Dieses Spiel beginnt schnell.
Oder sind es noch die Müdigkeitsnachwehen von #IRNNGA, dass es uns nur schneller vorkommt?
#GHAUSA #WM2014
@SPORT1

Klinsmann hat ein Händchen für Sommermärchen. #GHAUSA #WM2014
@WolfLorenz

Schnellste WM-Tore: 11 Sek Sukur (02), 15 Sek Masek (62), 25 Sek Lehner (34), 28 Sek Robson (82), 29 Sek Dempsey (2014) #GHAUSA #infotweet
@Karlo_Kolumna

Nach diesem frühen Rückstand drückt Ghana das ganze Spiel lang und erarbeitet sich Chance um Chance – die endgültige Torschussbilanz (21:8) spricht da Bände. Erst in der 82. Minute gelingt den Ghanaern durch Andrew Ayew der verdiente Ausgleich.

Was für eine Erlösung für Ghana. Hochverdient, sie haben wirklich einen unfassbaren Aufwand betrieben. #wm2014 #ghausa
@sportschau

Danach verpasst das afrikanische Team aber die Chance,

nochmals nachzusetzen, beruhigt das Spiel und wird blitzschnell bestraft. Nach einer Ecke von Zusi nickt der eingewechselte John Anthony Brooks den Ball vier Minuten nach dem Ausgleich zum 1:2-Endstand ein.

Der Odonkor der USA. #GHAUSA
@GNetzer

Was für ein starkes Bild, als Brooks begreift, dass er gerade ein WM-Tor erzielt hat. Gänsehaut! #GHAUSA
@BenniZander

Ghana 1:2 USA

Aufstellung Ghana: Kwarasey – Opare, Boye, Jonathan Mensah, Asamoah – Rabiu (ab 71. Essien), Muntari – Atsu (ab 78. Adomah), A. Ayew – Gyan, J. Ayew (ab 59. K.-P. Boateng)

Aufstellung USA: Howard – F. Johnson, Cameron, Besler (ab 46. Brooks), Beasley – Bradley, Beckerman – Bedoya (ab 77. Zusi), J. Jones – Altidore (ab 23. Johannsson), Dempsey

Tore: 0:1 Dempsey (1.), 1:1 A.Ayew (82.), 1:2 Brooks (86.)

Gelbe Karten: Rabiu, Muntari -

#BELALG

Belgien ist zu Beginn des Turniers definitiv der Favorit unter den unzähligen Geheimfavoriten. Eigentlich hat mittlerweile jeder das Team auf dem Zettel, und die Belgier gehen als haushoher Favorit in das Duell mit Algerien.

Noch was zu #BEL: Wenn alle Welt von Geheimfavorit schreibt, ist der entweder nicht sonderlich geheim oder nicht sonderlich Favorit. #BELALG
@fluestertweets

Algerien schafft es allerdings, zu Beginn der Partie den Gegner gut in Schach zu halten und jede nennenswerte Chance im Keim zu ersticken. Als Vertonghen Feghouli im Strafraum foult und so einen der wenigen Vorstöße der Algerier ungestüm beendet, gibt der Schiedsrichter Moreno Foulelfmeter. Der Gefoulte schießt selbst und versenkt den Ball zum ersten WM-Treffer Algeriens seit 1986.

Vertonghen hält, sein Keeper nicht. 1:0 für #ALG. #BELALG
@spox

Vertonghen geschickt wie ein Bulldozer. #BelAlg
@Rafanelli

Nach der überraschenden Führung stehen die Algerier noch kompakter und Belgien findet bis zur Halbzeitpause kein Durchkommen.

Algerien lässt gerade die T-Shirts „Geheimfavoriten-Besieger" beflocken.
@guek62

54

#hallohallo habe gerade telefoniert. Es ist Belgiens B-Elf. Man will die Stars fürs Finale schonen
@Sky_Rollo

Zwischenfazit aus #BEL-Sicht: Vermasselt. Versiebt. Verdaddelt. Verfehlt. Vertonghen. #BELALG
@spox

Ballkontakte eines Stürmers in 58 Minuten Einsatz in der gegnerischen Hälfte: 0. Hallo, Romelu Lukaku.
@DemireliDE

Erst die drei Einwechslungen brachten die Wende für Belgien. Erst trifft in der 70. Minute der eingewechselte Fellaini per Kopf ...

Toll, jetzt hat er mich aufgeweckt ...
#BELALG #WM2014
@HHKarsten

... und zehn Minuten später trifft mit Mertens ein weiterer Einwechselspieler und bringt Belgien kurz vor Schluss doch noch den Sieg.

Wilmots gg Algerien 2:1!
@Schmmmiddelinho

Oder sagen wir, die belgische Bank ist ganz okay. #belalg
@BurningBush78

Ausnahme war gestern, heute wieder die Regel: Wer führt, der verliert.
#BelAlg
@fcblogin

Nachtrag zu Algerien: Bis zur 60. Minute sind sie rund 3,5 km mehr gelaufen als Belgien. Am Ende lag der Vorsprung nur noch bei 1,5 km #müde
@TobiasEscher

#Belgien hat gewonnen, jetzt heißt es Schlandfahne hochkant stellen und ab in den Autokorso, oder nicht? #BelAlg
@yonny_s

Heute hat Belgien gespielt, aber blöde Witsel darüber habe ich euch erspart.
@Regendelfin

Belgien 2:1 Algerien

Aufstellung Belgien: Courtois – Alderweireld, van Buyten, Kompany, Vertonghen – Witsel, Dembelé (ab 65. Fellaini) – de Bruyne, Chadli (ab 46. Mertens), Hazard – Lukaku (ab 58. Origi)

Aufstellung Algerien: M'Bohli – Mostefa, Bougherra, Halliche, Ghoulam – Taider, Medjani (ab 84. Ghilas), Bentaleb – Feghouli, Mahrez (ab 71. Lacen) – Soudani (ab 66. Slimani)

Tore: 0:1 Feghouli (25., Foulelfmeter), 1:1 Fellaini (70.), 1:2 Mertens (80.)

Gelbe Karten: Vertonghen – Bentaleb

#BRAMEX

Man mochte es nach dem Spiel Iran gegen Nigeria nicht glauben, aber auch ein 0:0 kann äußerst spannend sein – zumindest streckenweise. Das Aufeinandertreffen zwischen Brasilien und Mexiko beginnt zwar etwas ruhig, steigert sich im Laufe des Spiels aber in einen spannenden Schlagabtausch.

Erst wollte ich einen Tweet zu #bramex schreiben, aber es passiert einfach nichts.
@IchBinJazz

Ich finde es voll sympathisch, dass die Brasilianer die Favoritenrolle nicht so raushängen lassen.
*@sanitario_*

Mir tun die Brasilianer leid ... Der Schiri hilft auch null mit, was soll das? ;) #bramex #wm2014 #zdf
@MotzkiMattes

Held des Abends ist Guillermo Ochoa. Der Torwart hält mit zahlreichen Glanztaten den Punkt für Mexiko fest und bringt die Brasilianer zur Verzweiflung.

Was für eine Parade von Ochoa. Da kriegt selbst Oli Kahn feuchte ...
Torwarthandschuhe. #BRAMEX
@spox

OCHOA, OCHOA, OCHOA.
Immer wieder dieser OCHOA!
Der Wahnsinn hat einen Namen!
#BRAMEX #WM2014
@SPORT1

„Ochoa" ist Spanisch und bedeutet „Oliver Kahn von der WM 2002"
#BRAMEX
@MOundBJ

Neymar ist währenddessen wieder einer der besten Spieler Brasiliens – etwas Spott muss er sich trotzdem gefallen lassen.

Ich warte bei jedem Kopfball darauf, dass Neymar sich die Freistoß-spraydose vom Schiri krallt und kurz noch mal nachstylt. #BRAMEX
@GNetzer

Um das Spiel mal herunterzubrechen: Für Brasilien war Mexiko wie Philipp Lahm als Freistoßmauer für Cristiano Ronaldo. #BRAMEX
@GNetzer

Brasilien 0:0 Mexiko

Aufstellung Brasilien: Julio Cesar – Dani Alves, Thiago Silva, David Luiz, Marcelo – Luiz Gustavo – Paulinho – Ramires (ab 46. Bernard), Oscar (ab 84. Willian), Neymar – Fred (ab 68. Jo)

Aufstellung Mexiko: Ochoa – Maza, Marquez, Moreno – Aguilar, Layun – Herrera (ab 76. Marco Fabian), Vazquez, Guardado – G. dos Santos (ab 84. Raul Jimenez) – Peralta (ab 74. Hernandez)

Tore: -

Gelbe Karten: Ramires, Thiago Silva – Aguilar, Vazquez

Beim zweiten Auftritt Brasiliens wird es auch einmal wieder Zeit für eine Spielzusammenfassung in Béla-Réthy-Zitaten. Ein besonderes Maß an Kreativität erfordern dabei die immer neuen Aussprachemöglichkeiten des Namens „Fred".

DER UNGLAUBLICH GROSSE
„BÉLA RÉTHY IST KULT UND DESHALB MACHEN WIR DAS HIER"

FUMS FUSSBALL MACHT SPASS.
**BÉLA RÉTHY
ARBEITSNACHWEIS**

Neymar hat eine neue Frisur	Frätsch (2x)	Neymar hat offenbar einen Friseurtermin gehabt hier in Fortaleza.	Wieder läuft das Spiel weiter.	Sah im ersten Moment aus nach Abseits... und das wäre es auch gewesen.
Als die brasilianische Mannschaft die Fans vom Balkon aus begrüßt hat, das waren besondere WM-Momente.	Frett (4x)	Er fällt theatralischer als er muss, aber diese schauspielerischen Allüren hat er schon etwas abgelegt.	Mexikaner nur um Schadensbegrenzung bemüht. (beim 0:0)	Ein kleiner Unfall. Maximal Blechschaden.
Der kleingewachsene Mann - für einen Torwart. 1,85.	FRÄÄÄD, nächster Versuch: FRÄÄÄD!	Bei jedem Foul geht Scolari zum 4. Offiziellen und bekommt einen ganz ganz roten Kopf.	Chicharito köpft den Ball dorthin, wo er selbst steht normalerweise.	Und wieder kommen die mexikanischen Fans. Gelegentlich lauter, als die der Gastgeber. Das hat man gestern Nacht aus dem Hotelbett auch gemerkt.
Kleiner Mann mit 1,64 - aber großer Schuss.	Fräd (6x)	Da sieht man die Ausbildung in Barcelona, hat so leicht was messihaftes.	Und da vorne steht der Anwalt der Guten, der jedes Foul mimisch untermalt.	Oribe Peralta. Er sagt: „Ja, ich habe alles probiert." - War selten am Ball, hatte kaum Möglichkeiten.
Fritt.	Fred (2x)	Das ist an der oberen Skala der gelben Möglichkeiten.	Wir sehen eine Collage der Best-Of-Paraden von Ochoa	Marcelo wird kurz angefasst.

Mehr auf www.fussballmachtspass.de www.facebook.com/fums.magazin www.twitter.com/fums_magazin

#RUSKOR

Als letzte Teams starten Russland und Südkorea sehr ge-
mächlich in die Weltmeisterschaft. Im großen Teil der ersten
Halbzeit sparen sich die beiden Mannschaften Torchancen
und bemühen sich so redlich, die Zuschauer dieses Mitter-
nachtsspiels einzuschläfern.

*Jede Logopädie-Sitzung mit einem Vierjährigen klingt wie ein Kon-
terangriff der Südkoreaner. #RUSKOR*
@AndreasCueppers

*Schon seit Iran gegen Nigeria kein so schlechtes Fußballspiel mehr
gesehen. #RUSKOR*
@MRunge93

„Niemand hat die Absicht", heute noch ein Tor zu schießen. #ruskor
@hassanscorner

Nach der Pause kommt es zu deutlich mehr Torchancen, für
die Tore sorgen dann aber mal wieder die Einwechselspieler.
In der 68. Minute rutscht dem russischen Keeper Akinfeev
ein Distanzschuss von Keun-Ho Lee durch die Handschuhe
und landet im Tor.

Dass Putin auch England annektiert hatte, war mir entgangen.
#akinfeev
@senSATZionell

*Das war eine Parade der Seltsamkeiten. Erst ganz schlechtes Pres-
sing, dann ganz schlechter Schnellangriff, dann ganz schlechte Parade.*
@TobiasEscher

Der herbe Patzer des russischen Keepers spricht auch sofort das auf Twitter allgegenwärtige Bedürfnis nach Wortspielen an.

Akinunfäijew. #RUSKOR
@flopumuc

Akinfehlerev. #RUSKOR
@MRunge93

AkinFehlgriff #WorldCup2014 #RUSKOR #patzerdesturniers
@MitutaKopfweh

Den Ausgleich erzielt der eingewechselte Kerzhakov per Abstauber dann in der 74. Minute. Wer daraufhin auf ein lebhafteres Spiel hoffte, wurde wieder enttäuscht – außer einigen Distanzschüssen gab es nichts mehr zu sehen.

Dieser „Joker" spielt bei ganz schön vielen Teams ... #zdfwm #ruskor
#WM2014
@dannyro209

Russland 1:1 Südkorea

Aufstellung Russland: Akinfeev – Yeshchenko, Ignashevich, V. Berezutskiy, D. Kombarov – Glushakov (ab 72. Denisov), Fayzulin – Samedov, Shatov (ab 59. Dzagoev), Zhirkov (ab 71. Kerzhakov) – Kokorin

Aufstellung Südkorea: S.-R. Jung – Y. Lee, Hong (ab 72. S.-H. Hwang), Y.-G. Kim, S.-Y. Yun – S.-Y. Ki, K.-Y. Han – C.-Y. Lee, Koo, Son (ab 83. B.-K. Kim) – C.-Y. Park (ab 56. K.-H. Lee)

Tore: 0:1 K.-H. Lee (68.), 1:1 Kerzhakov (74.)

Gelbe Karten: Shatov – Son, S.-Y. Ki, Koo

Innerhalb von wenigen Stunden sehen wir die Spitzen ...

... und die Abgründe der Torhüterkunst.

#AUSNED

Die Niederländer sind selbst Schuld – wer Spanien mit 5:1 vom Platz fegt, geht ab sofort in jede Partie als haushoher Favorit – gegen Australien, den 62. der Weltrangliste, sowieso. Die Führung in der 20. Minute durch Arjen Robben soll dann nach einem verhalteneren Start der Beginn für die Demontage des nächsten Gegners werden.

Wären alle Robben in dieser Form, würde sich kein Jäger mehr an sie herantrauen. #ausned
@GNetzer

Vielleicht sollte man Greenpeace und PETA mal einen Tipp geben, dass man in Brasilien Robben jagt.
@Pappklappe

Anstatt sich geschockt zu zeigen, schlägt Australien aber eine Minute später prompt zurück. Tim Cahill stellt dabei das ansehnliche Solo von Robben mit einem wunderschönen Volleyschuss in den Schatten.

Schon so früh das Tor des Turniers. Respekt, Herr #Cahill. #AUSNED
@taz_kruse

Kindheitstraumtor. #cahill
@stadioncheck

Und während ihr noch die Lobeshymnen schreibt, macht Cahill ein Traumtor.
Wie viele haben einen halbfertigen Tweet nicht abgeschickt?
@felgenralle

Kommentator: Was für ein geiles Tor! Sohn (13) empört: Wie redet der? #ausned
@ccgutmann

Auch im Rest der ersten Halbzeit zeigten sich beide Teams auf Augenhöhe – tendenziell ist Australien sogar der Führung näher. Kurz vor beziehungsweise kurz nach dem Pausenpfiff sichern sich van Persie und Cahill zudem gelbe Karten und damit eine Auszeit am letzten Spieltag.

+++EIL+++ Van Persie zur Misses Next Match gewählt! #ausned
@1909er

Auch zu Beginn der zweiten Halbzeit zeigt sich Australien unbeeindruckt und kann in der 54. durch einen Handelfmeter von Jedinak sogar in Führung gehen – Janmaat wird aus kurzer Distanz angeschossen, und der Schiedsrichter entscheidet auf Strafstoß.

Lehre für alle zukünftigen WMs: Als Abwehrspieler Arme abhacken!
#nedaus
@itstheicebird

Für mich ist dieser Handelfmeter ein klares Signal für die Integration Armamputierter im Fußball. #AUSNED
@voegi79

In der munteren Partie kann sich Australien aber keine Minute mit der Führung ausruhen. Vier Minuten später gleicht van Persie wieder aus, und Depay schießt in der 68. Minute das Siegtor für die Niederländer. Das Team aus Down Under ist damit vorzeitig ausgeschieden.

Abpfiff. Die Niederlande besiegen Australien am Ende mit 3:2. Ein

Spektakel, mit dem man nicht gerechnet hat. #ausned#wm2014
@sportschau

Und ich denk noch, hoffentlich scheiden die Gelben #ned #aus.
@BurningBush78

Australien: Immer sympathisch, immer tapfer, immer raus. #ausned
@h_buchheister

Australien 2:3 Niederlande

Aufstellung Australien: Ryan – McGowan, Spiranovic, Wilkinson, Davidson – McKay, Jedinak – Leckie , Bresciano (ab 51. Bozanic), Oar (ab 77. Taggart) – Cahill (ab 69. Halloran)

Aufstellung Niederlande: Cillessen – de Vrij, Vlaar, Martins Indi (ab 45.+3 Depay) – Janmaat, Blind – de Guzman (ab 78. Wijnaldum), N. de Jong – Sneijder – van Persie (ab 87. Lens), Robben

Tore: 0:1 Robben (20.), 1:1 Cahill (21.), 1:2 Jedinak (54., Handelfmeter), 2:2 van Persie (58.), 2:3 Depay (68.)

Gelbe Karten: Cahill – van Persie

#ESPCHI

Die Demütigung der Niederländer ist nur wenige Tage her, schon muss Spanien gegen Chile alles in die Waagschale werfen – eine Niederlage und das Team ist ausgeschieden.

Aber eines muss man den Spaniern lassen. Erst das zweite Match, aber schon ein Endspiel erreicht. #espchi
@MarcelUnreif

Anstatt eines Befreiungsschlages von Spanien dürfen wir abermals ein starkes Spiel der Chilenen beobachten. Nach 20 Minuten geht Chile durch Vargas in Führung.

Die Chilenen mögen ihre eigene Hälfte nicht so, oder? #WM2014 #ESPCHI
@JoeFrit

#ESPCHI ist ein Anagramm von #EPISCH.
@Mandelbroetchen

Auch nach dem Gegentreffen kann sich Spanien kaum zwingende Chancen erarbeiten und kassiert in der 43. Minute nach einem Cassilas-Patzer den 0:2-Pausenstand.

Diese #WM2014 ist unwettbar. #ESPCHI
@Konni

Spanien gilt es zu schlagen bei dieser WM. Weiß jeder. Macht jeder. #ESPCHI
@ruhrpoet

Wenn die Spanier so weiter machen, sind sie rechtzeitig zur Krönungsfeier von Felipe morgen zurück. #ESPCHI
@DoroBaer

Hört ihr auch dieses Klappern? Das sind die Tastaturen der Sportjournos, die gerade alle ihre „Ende einer Ära"-Nachrufe schreiben. #ESPCHI
@abspann

Oliver Hirschbiegel schreibt schon „Der Untergang (des spanischen Reiches)". Mit Veronica Ferres als Fernando Torres. #ESPCHI
@Kemperboyd

In der zweiten Halbzeit versucht Spanien mit allen Mitteln das Spiel zu drehen, sieht gegen die chilenische Abwehr aber kein Land. Nach 90 Minuten ist es klar: Schon nach dem zweiten Spiel kann der amtierende Welt- und Europameister die Koffer packen.

Was heißt „Ich kaufe eure WM-Tickets billig ab" auf Spanisch? #espchi #wm
@MTaddigs

Jetzt ist @HansSarpei gefragt. Spanien braucht 8 Punkte aus dem Spiel gegen Australien ... #ESPCHI
@FrankBuschmann

Am Tag, an dem König Juan Carlos abdankt, scheidet der Weltmeister aus. Welch tragische Symbolik! #WM2014 #ESPCHI #ESP
@CMetzelder

Bei aller Häme bleibt aber auch viel Respekt für diese einmalige Ära, in der die Fußballwelt vom spanischen Fußball dominiert wurde.

Um als Weltmeister in der Vorrunde rauszufliegen, musste halt auch erst mal Weltmeister sein.
@syndikatze

Europameister. Weltmeister. Europameister. Waldmeister. Ende einer großen Ära. #ESP olé
@oliverwurm

Trotzdem: Sechs Jahre Perfektion, drei Titel in Folge, die beste Mannschaft, die ich je habe spielen sehen. #esp #espchi #wm2014
@karummms

Spanien 0:2 Chile

Aufstellung Spanien: Casillas – Azpilicueta, Javi Martinez, Sergio Ramos, Jordi Alba – Busquets, Xabi Alonso (ab 46. Koke) – Pedro (ab 76. Santi Cazorla), Silva, Iniesta – Diego Costa (ab 64. Torres)

Aufstellung Chile: Bravo – Silva, Medel, Jara – Isla, Mena – Aranguiz (ab 64. Gutierrez), Diaz – Vidal (ab 88. Carmona) – A. Sanchez, E. Vargas (ab 85. Valdivia)

Tore: 0:1 E. Vargas (20.), 0:2 Aranguiz (43.)

Gelbe Karten: Xabi Alonso – Vidal, Mena

#CMRCRO

Auch wenn durch das Unentschieden zwischen Mexiko und Brasilien schon vorher klar ist, dass hier und heute kein Team der Gruppe A rausfliegt, hat der Verlierer nur noch theoretische Chancen. In den ersten zehn Minuten geben vor allen Dingen die Kameruner Vollgas – das erste Tor schießen dann aber doch die Kroaten. Nach dem ersten gelungenen Spielzug netzt Ivica Olic in der elften Minute ein.

Ivica Olic plus Brazzo und du kannst ne ganze Großstadt mit Strom versorgen. #CMRCRO
@marti8nez

Kamerun und ihr Trainer Volker Finke sind nun absolut in Zugzwang.

Dank @sportschau App kann man sich auch 90 Minuten die Entwicklung der Schweißflecken bei Finke ansehen. #CAMCRO
@rimshotguy

Eto'o schmeißt #Finke in der Halbzeit raus ...
@Mazingu_Dinzey

Anstatt positive Signale zu senden, kommt dann gen Ende der ersten Halbzeit der Blackout von Song. Der Kameruner stößt Mandzukic seinen Ellenbogen in den Rücken und wird deshalb folgerichtig vom Platz gestellt.

Song schaute wohl vorm Spiel Plattfuß in Afrika #cmrcro #wm @sportschau
@xxzackinhoxx

Das hätte nicht mal Rigobert Song gebracht. Unfassbar dumm. In dem Blickfeld des Schiedsrichters! #CMRCRO
@Duchateau

Die @sportschau meldet „Drei Spiele Sperre für Kameruns Song" Also sooooo schlecht fand ich deren Nationalhymne jetzt wirklich nicht!
@sozial_gestoert

Auch nach der Pause sieht Kamerun kein Land mehr und kassiert schnell das 0:2 durch Perisic.

Das muss ihm erst mal einer nachmachen: Itandje mit zwei Aussetzern in Folge, #CRO führt mit zwei. Casillas und Akinfeev blass vor Neid. (ph)
@zeitonlinesport

Ein Doppelpack von Mandzukic macht den 0:4-Endstand perfekt, der in dieser Höhe absolut verdient ist.

Die Mannschaft von Kamerun blieb weit hinter den Erwartungen zurück. Wenigstens etwas bei dieser WM, das so ist wie immer. #WM2014 #CAMCRO
@DerBrainfucker

Hauptsache die Prämienfrage ist geklärt, #kamerun! #CMRCRO
@smittag089

In der Nachspielzeit schließen die Kameruner ihren gebrauchten Abend noch mit einer besonders unglaublichen Szene ab. Assou-Ekotto attackiert den eigenen Mann mit einem Kopfstoß – ein Sinnbild für das Team von Volker Finke.

Diese Afrikaner sind für jeden Spaß zu haben: #Kopfnuss gegen den eigenen Mitspieler.

Man, man, man ...
#CMRCRO #WM2014
@SPORT1

Kamerun schlägt sich selbst.
#WM2014 #CAMCRO
@musicholia

Er versucht, den eigenen Mann zu zidanen. Kamerun will Eindruck hinterlassen. #CMRCRO #WM2014
@_RLassiter

Fun Fact: Kamerun ist in den ersten beiden Spielen etwa 40 km weniger gelaufen als Chile. #WM14
@jsachse

Kamerun 0:4 Kroatien

Aufstellung Kamerun: Itandje – Mbia, Chedjou (ab 46. Nounkeu), Nkoulou, Assou-Ekotto – Matip – Song, Enoh – Moukandjo, Choupo-Moting (ab 75. Salli) – Aboubakar (ab 70. Webo)

Aufstellung Chile: Pletikosa – Srna, Corluka, Lovren, Pranjic – Modric, Rakitic – Perisic (ab 78. Rebic), Sammir (ab 72. Kovacic), Olic (ab 69. Eduardo) – Mandzukic

Tore: 0:1 Olic (11.), 0:2 Perisic (48.), 0:3 Mandzukic (61.), 0:4 Mandzukic (73.)

Gelbe Karte: – Eduardo

Rote Karte: Song (40.)

#COLCIV

Eigentlich könnte der Kampf um das Achtelfinale so spannend sein, aber zumindest in der ersten Halbzeit kommt die Partie zwischen Kolumbien und der Elfenbeinküste überhaupt nicht in Fahrt.

Die Konter der Chilenen waren scharf wie ein Steakmesser, die Bemühungen hier sind bislang gefährlich wie ein Plastiklöffel. #WM2014 #colciv
@uwolf67

Lache seit fünf Minuten über das Trikot von S. Aurier. Ich bin ein einfaches Gemüt. #COLCIV
@rock_galore

„Langweiliges Spiel"
„Das heißt ‚Von Taktik geprägt‘"
„Ah, kenn mich mit der PR des Fußballs nicht so aus" #COLCIV #WiederholungausGründen
@tknuewer

Das einzige Highlight des ersten Durchgangs bleibt ein riesiger Wasserball, der von Fans auf den Platz geworfen wird.

Bei anderen Turnieren gab es Flitzer. In Brasilien haben wir große Bälle – und Chilenen, die Medienzentren stürmen #COLCIV
@SPORT1

Wie schon im ersten Spiel der Elfenbeinküste, kommt auch dieses Mal erst mit der Einwechslung Didier Drogbas der Schwung. Allerdings würfelt es dieses Mal nicht die Hintermannschaft des Gegners, sondern die eigene durcheinander

– schnell kassiert die Mannschaft das 1:0 durch James Rodriguez und das 2:0 durch Quintero.

Ein Reverse Drogba! #COLCIV
@f_karig

Nach einem schönen Solo erzielt Gervinho zwar noch das 2:1 für die Elfenbeinküste – die Schlussbemühungen der Ivorer werden letztlich aber nicht belohnt.

Kolumbien 2:1 Elfenbeinküste

Aufstellung Kolumbien: Ospina – Zuniga, C. Zapata, Yepes, Armero (ab 72. Arias) – Aguilar (ab 79. Mejia), C. Sanchez – Cuadrado, James, Ibarbo (ab 53. Quintero) – Gutierrez

Aufstellung Elfenbeinküste: Barry – Aurier, Zokora, Bamba, Boka – Serey Dié (ab 73. Bolly), Tioté – Gradel (ab 67. Kalou), Yaya Touré, Gervinho – Bony (ab 60. Drogba)

Tore: 1:0 James Rodriguez (64.), 2:0 Quintero (70.), 2:1 Gervinho (73.)

Gelbe Karten: – Zokora, Tioté

Für fairen Fußball reichten leider die Prämien nicht.

James Rodriguez ist 1,78 m groß.

#URUENG

Auch in Gruppe D stehen bereits am zweiten Spieltag die ersten Top-Teams vor dem Aus. Der Verlierer der Partie Uruguay gegen England darf mit großer Wahrscheinlichkeit auch die Koffer packen. Erstes Thema der Partie ist allerdings nicht die brisante Konstellation, sondern sind einmal mehr die hautengen Shirts der Spieler aus Uruguay.

Tim Wiese trägt das Trikot von Uruguay übrigens als Kapitänsbinde! #infotweet
@Schmmmiddelinho

Vierzig Minuten präsentieren sich beide Teams auf Augenhöhe, als Luis Suarez mit seiner ersten Torchance Uruguay sofort in Führung bringt.

Ausgerechnet Englands Fussballer des Jahres trifft gegen #ENG! Manche Geschichten schreibt auch nur der Fussball. #urueng #Suarez
@DavidGutensohn

England wollte immer so spielen wie Spanien: Nun, sie sind dicht dran. Verdammt dicht dran.
#urueng
@ContractSlayer

Wie viel von diesem Spiel abhängt, sieht man beispielsweise an Alvaro Pereira – dieser wird mit voller Wucht von Sterlings Knie am Kopf getroffen, ist kurz ohnmächtig, beschwert sich dann aber lautstark, als der Trainer ihn auswechseln will.

Alvaro Pereira legt sich mit dem Teamarzt an: Er spielt tatsächlich

weiter, nachdem Sterling ihn mit dem Knie am Kopf traf. #wm2014
#urueng
@sportschau

Spieler, der den Mannschaftsarzt überstimmt, ist fast so gut wie Spieler, der sich selbst einwechselt. #wm2014 #urueng #eng
@KiezkickerDe

Derweil versucht Rooney verzweifelt, endlich sein erstes WM-Tor zu schießen und bekommt dafür einiges an Hohn und Spott ab. In Minute 75 dann aber die Erlösung – nach 759 WM-Minuten kann der Star-Stürmer sein erstes Tor erzielen, mit dem er England zurück in das Turnier bringt.

Rooney – das WM-Tor mit dem längsten Anlauf evereverever ...
@itstheicebird

Zeichen. Und Wunder. #Rooney #URUENG
@ruhrpoet

Zehn Minuten nach Englands Fußballer von 2010 trifft wieder Englands amtierender Fußballer des Jahres. Luis Suarez erzielt das 2:1 und bringt England damit an den Rand des WM-Aus. Nun müssen sie auf einen italienischen Sieg gegen Costa Rica hoffen, um zumindest eine Minimalchance zu wahren.

Three Lions on a shirt, aber null Punkte auf dem Konto. Uruguay schlägt England 2:1. #URUENG #WM2014
@ntvde_sport

Positiv gesehen! England wird bei der WM 2014 nicht nach Elfmeterschießen ausscheiden! #urueng #WM2014
@Schmmmiddelinho

Unbestätigtes #WM-Gerücht: #URU-Stürmer #Suarez darf nicht mehr in #ENG einreisen. Warum? Wg. nachgewiesener Grausamkeit am Empire. #URUENG
@ProSieben

England vor dem Aus. Oder wie man auf der Insel sagt: „Football is coming home" #URUENG
@Lassitudor

Torwart Hart mit vorne. Er wollte Rooneys Torrekord angreifen. #URUENG
@guek62

Eilmeldung: #England will aus #Fifa austreten. #URENG #wm2014 #FIFA2014
@extra3

Uruguay 2:1 England

Aufstellung Uruguay: *Muslera – M. Caceres, Gimenez, Godin, Alvaro Pereira – Alv. Gonzalez (ab 79. Fucile), Arevalo Rios, C. Rodriguez – Lodeiro (ab 67. Stuani) – Suarez (ab 88. Coates), Cavani*

Aufstellung England: *Hart – G. Johnson, Cahill, Jagielka, Baines – Gerrard, J. Henderson (ab 87. Lambert) – Sterling (ab 64. Barkley), Rooney, Welbeck (ab 71. Lallana) – Sturridge*

Tore: 1:0 Suarez (39.), 1:1 Rooney (75.), 2:1 Suarez (85.)

Gelbe Karten: Godin – Gerrard

#JPNGRE

Auch wenn sie 2004 Europameister werden konnten: Bei Weltmeisterschaften haben die Griechen bisher immer enttäuscht. Nach dem 0:3 gegen Kolumbien will man nicht schon wieder vorzeitig ausscheiden und konzentriert sich ganz auf die griechische Stärke: das Verteidigen.

Die Bemühungen scheinen aufzugehen, werden aber in der 38. Minute ernsthaft in Gefahr gebracht – nicht durch eine wackelnde Abwehrreihe, sondern durch eine Gelb-Rote Karte für Katsouranis.

Zweimal in diesem Spiel versucht Griechenland vorne zu pressen, beide Male sieht Katsouranis gelb. Sie sollten beim Catenaccio bleiben ...
@TobiasEscher

Nach dem Platzverweis könnte man meinen, dass es die Japaner einfacher hätten, aber der Abwehrriegel der Griechen hält auch in Unterzahl perfekt. Das Team wahrt sich so alle Chancen auf das Achtelfinale, macht sich aber nicht unbedingt nur Freunde unter den Zuschauern.

Otto Rehagel hat den Griechen zwar einen Titel gebracht, aber sein Vermächtnis ist grausam.
@lostinnippes

Vielleicht sollten wir anfangen, die Sekunden zu zählen, bis Schluss ist. Sicher weniger einschläfernd als das Spiel #JPNGRE
@SPORT1

„Das Unentschieden ist perfekt!" — Ein Spiel, das keine Tore verdient hat.

Eigentlich auch keine Zuschauer. #jpngre #WM2014
@stadtneurotikr

Mal wieder ein 0:0 der torlosen Sorte ... #JPNGRE
@AndreasCueppers

94 Minuten. Kein Tor. Kein Elfmeter. Und dann ist einer weiter, der
gar nicht gespielt hat. Komische Sportart.
@xl_ent

Japan 0:0 Griechenland

Aufstellung Japan: Kawashima – Uchida, Yoshida, Konno, Nagatomo – Yamaguchi, Hasebe (ab 46. Endo) – Okazaki, Honda, Okubo – Osako (ab 57. Kagawa)

Aufstellung Griechenland: Karnezis – Torosidis, Manolas, Sokratis, Holebas – Maniatis, Katsouranis, P. Kone (ab 81. Salpingidis) – Fetfatzidis (ab 41. Karagounis), Samaras – Mitroglou (ab 35. Mitroglu)

Tore: -

Gelbe Karten: Hasebe – Samaras, Torosidis

Gelb-Rote Karte: Katsouranis (38.)

#ITACRC

Für beide Teams hätte die WM nicht besser starten können. Costa Ricas Sieg ist eine der Überraschungen des Turniers, aber für viele ist auch klar, dass das nur ein Glücksfall gewesen sein kann. Die Italiener legen ihre Hoffnungen aufs Achtelfinale, dabei vor allen Dingen auf den Routinier Andrea Pirlo, der schon gegen England zu den besten Spielern zählte.

Autokorrektur macht aus Pirlo Porno! Noch Fragen? #ITACRC
@GroteRuetze

Von #CRC braucht sich glaub ich keiner Hoffnungen auf das Trikot von #Pirlo machen – das wird sich Tom #Bartels schnappen. #ITACRC #wm2014
@HochrainerBILD

Moderator: „Da sieht Buffon nicht gut aus."
Meine Frau: „Buffon sieht immer gut aus." #ITACRC
@siegstyle

#Pirlo hat mehr Gefühl in einem Fuß als die deutschen Handballnationalspieler in allen Händen zusammen. #ITACRC
@Rafanelli

Costa Rica präsentiert sich aber auch in diesem Spiel wieder nicht wie der klare Außenseiter. Insbesondere gen Ende der ersten Halbzeit drücken die Mittelamerikaner auf die Führung, bekommen erst einen relativ klaren Elfmeter nicht anerkannt, bevor sie in der 44. Minute durch Bryan Ruiz sogar in Führung gehen.

Der Schiri ist wahrscheinlich nicht Chilene, sondern Schieler.
#ITACRC
@spox

War das nicht Elfer? Wurscht, sagt man sich bei #CRC und macht einfach mal das 1:0. Lässig. #ITACRC
@spox

England fliegt durch ein (echtes!!!) Wembley-Tor raus! Der Fußballgott hat manchmal doch Humor ...
#ITACRC
@itstheicebird

Dank Torlinientechnik darf dieser Schiedsrichter wenigstens nicht auch noch ein Tor aberkennen. #ITACRC
@Lassitudor

Schön, dass Costa Rica auch gegen 12 Mann mit einer Führung in die 2. Hälfte gehen kann! #ITAvsCRC #Brasil2014
@pk2604

In der zweiten Halbzeit versucht Italien, den Ausgleich zu erzielen, findet aber an keiner Stelle Mittel gegen Spieler aus Costa Rica. Mit dem zweiten überraschenden Sieg ist das CONCAF-Team bereits vorzeitig in der K.O.-Runde, und England ist mindestens genauso überraschend draußen. Balotelli, der vor dem Spiel twitterte, dass er bei einem Sieg gerne einen Kuss von der Queen hätte, muss mit seinem Team in ein Endspiel gegen Uruguay.

Immerhin muss die Queen jetzt nicht Balotelli küssen ... Schade eigentlich.
#ITACRC
@itstheicebird

Wenn Du einen gesoffen hast, Fussballgott, machst du lustige Sachen. #itacrc
@cberdrow

Das Motto dieser #WM offenbar: Weltmeisterdämmerung. #ITACRC
@HollsteinM

Costa Concordia: Schiff im Arsch
Costa Cordalis: Gesicht im Arsch
Costa Rica: Tipp im Arsch
#WM2014 #ITACOS #CostaRica
@MickyBeisenherz

Italien 0:1 Costa Rica

Aufstellung Italien: Buffon – Abate, Barzagli, Chiellini, Darmian – de Rossi-Pirlo, T. Motta (ab 46. Cassano) – Candreva (ab 57. L. Insigne), Marchisio (ab 69. Cerci) – Balotelli

Aufstellung Costa Rica: Navas – Duarte, Gonzalez, Umana – Gamboa, Junior Diaz – Borges, Tejeda (ab 68. Cubero) – Ruiz (ab 81. Brenes), Bolanos – J. Campbell (ab 74. Urena)

Tor: 0:1 Ruiz (44.)

Gelbe Karten: Balotelli – Cubero

#SUIFRA

Bei den letzten Weltmeisterschaften war die Schweizer Defensive beispiellos – 2010 kassierte man nur ein Tor, und 2006 schied man sogar ohne ein einziges Gegentor aus. Beim Spiel gegen Frankreich hat die Abwehr aber einen schwarzen Tag erwischt und muss schon nach 20 Minuten einen 0:2-Rückstand hinnehmen.

Costa Rica wird die Schweiz Mittelamerikas genannt. Leider kann man nicht sagen, die Schweiz wäre das Costa Rica Europas. #swifra
@guek62

Der frühe Rückstand bringt die Schweizer komplett aus dem Tritt – insbesondere Johan Djourou. Der HSV-Verteidiger geht ungestüm in einen Zweikampf mit Benzema, verursacht einen Elfmeter, ...

Nachweis, dass auch HSV-Spieler bei der WM dabei sind. #djourou
@flopumuc

... kann dann aber durchatmen, als Benaglio diesen Strafstoß von Benzema hält.

Wolfsburg bügelt aus, was HSV verbockt ^^ #FRASUI
@Bryionak

Die Freude hält exakt acht Minuten, bis Valbuena dann doch das 0:3 erzielt.

Hoffentlich spielt Griechenland bald wieder. Hält ja keiner aus, diese Action. #SUIFRA #WM2014
@KaiFeldhaus

Schon 3 Gegentore. Dabei hat man in der #SUI doch erst vor einigen
Monaten drüber abgestimmt, keinen mehr reinzulassen.
#SUIFRA
@Der711er

Nach der Pause läuft es für das Schweizer Team nicht besser.
Die Franzosen drücken zwar kaum mehr nach vorne, treffen
aber doch noch zum 0:4 durch Benzema ...

Wenn in vier Sprachen „Scheiße" durchs Stadion hallt, dann weißt
du, es spielt die Schweiz. #SUIFRA
@FCB_arthel

... und zum 0:5 durch Sissoko.

0:5. Oder wie Djourou sagen würde: „Knappe Niederlage, aber im
nächsten Spiel klappt es bestimmt!"
@dogfood

In den letzten zehn Minuten bemühen sich die Schweizer
dann doch noch, das Ergebnis ein bisschen abzumildern.
Erst trifft in der 81. Dzemaili mit einem direkten Freistoß ...

„Keine wirkliche Entfernung für einen Direktschuss ....TOR!"
Auch deshalb mag ich Fussballreporter.
#sui vs. #fra
@Schebacca

... bevor Granit Xhaka in der 87. den Abstand auf drei Tore
einschmilzt.

+++Breaking+++ Schweiz in 3 Minuten mehr Tore geschossen als
Spanien in 180 Minuten. #WM2014 #SUIFRA #infotweet
@ReifZahl

Zumindest hat das Spiel gezeigt, dass die Franzosen bei einer 5-To-re-Führung hinten anfällig sind. #SUIFRA
@Sky_AlexB

Zum Schluss bietet das bisher torreichste Spiel der WM noch eine kleine Kuriosität. Björn Kuipers pfeift mitten im letzten Angriff der Franzosen ab und nimmt so Benzema den Treffer zum 6:2.

Die Genfer Konvention ließ Kuipers kurz vorm Tor abpfeifen, weil es sonst unmenschlich geworden wäre. 2-5 reicht. #SUIFRA
@bestofbelarethy

Benzema: Zwei Tore gegen Honduras, das dritte geklaut, Elfer gegen Schweiz verschossen, Tor gemacht, Tor geklaut. Könnten schon 6 sein.
@flopumuc

Schweiz 2:5 Frankreich

Aufstellung Schweiz: Benaglio – Lichtsteiner, Djourou, von Bergen (ab 9. Senderos), Rodriguez – Behrami (ab 46. Dzemaili), Inler – Shaqiri, G. Xhaka, Mehmedi – Seferovic (ab 69. Drmic)

Aufstellung Frankreich: Lloris – Debuchy, Varane, Sakho (ab 66. Koscielny), Evra – Sissoko, Cabaye, Matuidi – Valbuena (ab 82. Griezmann), Giroud (ab 63. Pogba), Benzema

Tore: 0:1 Giroud (17.), 0:2 Matuidi (18.), 0:3 Valbuena (40.), 0:4 Benzema (67.), 0:5 Sissoko (73.), 1:5 Dzemaili (81.), 2:5 G. Xhaka (87.)

Gelbe Karte: – Cabaye

Anstatt einen genauen Blick auf Béla Réthy zu werfen, liefert *@fums_magazin* nach dem Fußballabend mit Italien gegen Costa Rica und der Schweiz gegen Frankreich ein Best-of der Sprüche von Mehmet Scholl und Matthias Opdenhövel – auch keine Kinder von Traurigkeit.

DER GROSSE

„DELLING UND NETZER BLEIBEN UNERREICHT ABER MATZE UND SCHOLLI MACHEN DAS AUCH NICHT SCHLECHT"

FUMS FUSSBALL.MACHT.SPASS.

OPDENHÖVEL & SCHOLL ARBEITSNACHWEIS

Mähmett hat seinen Teller aufgegessen, deshalb ist der Regen weg.	So, Mähmett.	Wieviele Panini-Tütchen hast du gekauft, bis du dein eigenes Bildchen hattest, Mehmet?	Vor allem kennt man Umberto Clavijo durch seine Lieder Fiesta Mexicana und Volare.	Balotelli hat schon die englischen Kronjuwelen im Ohr.
Ich will nicht Matthias Scholl heißen.	Schleppst du zig Kilometer bis nach Brasilien ne Kuhglocke mit und kannst die nicht mal mit reinnehmen.	Och, Mähmett.	Die Bundesliga wird unterschätzt. England wird überschätzt. Und die Spanier sind die besten.	Balotelli hat eine Krankheit. Er verträgt wie Ronaldo die Triktos nicht. (bzgl. extrovertierter Torjubel beider Stars)
Hat der noch seine Schienbeinschoner von der E-Jugend? (über die Stutzen von Thomas Müller)	Das ist so ne Pommesschale, die er da hat. Aber es reicht. (über die Stutzen von Thomas Müller)	Das haben sich viele gefragt, was der eigentlich beruflich macht. (über den ehem. Frankreich-Coach Raymond Domenech)	Drecksspatzigkeit	Shaqiri, eher geschossen wie Shakira.
Mähmett (6x)	Kann Ottmar noch mal zaubern?	Du bist ja sehr gut mit der FIFA, schlag das mal vor...	Spielt den Ball wohl temporiert - nein, wir nehmen keine ausländischen eh..Fremdwörter.	Siggi, der Trompeter (2x)
Nein, Kinder. Ihr habt euren eigenen Schuss. Das, was Cristiano macht, kann man nicht nachmachen.	Hört euch den Mähmett an.	Mähmett, das ist der Wahnsinn.	Das ist mal ne Aussage, Mähmett.	Ok, Mähmett. Hosentausch? Haste Lust?

Mehr auf www.fussballmachtspass.de   www.facebook.com/fums.magazin   www.twitter.com/fums_magazin

#HONECU

Eine Partie zwischen Honduras und Ecuador klingt nicht unbedingt nach dem qualitativ hochwertigsten Fußball. Mit dem einen oder anderen Foul in der Anfangsphase sorgen beide Teams auch für den erwartet holprigen Start.

Bernd-Hollerbach-Gedächtniskick! #honecu #WM2014
@Schmmmiddelinho

Schade eigentlich, dass nicht wie beim Handball alle Plätze ausge-spielt werden. Honduras-Griechenland hätte ich unheimlich gern gesehen. #wm
@fussballimtv

Wobei, noch Glück für die Griechen: #HON tritt nur auf das, was sich bewegt. #GRE #wm2014
@fussballimtv

Nach einer halben Stunde folgt dann aber doch ein Tor. Costly trifft für Honduras und geht damit zum ersten Mal in ihrer WM-Geschichte in Führung.

Das ist das erste Tor von Honduras nach knapp 510 Spielminuten. 7 Min. mehr und der Negativrekord von Bolivien wäre geknackt. #HONECU #WM2014
@Robert_Weltbild

Drei Minuten darf sich Honduras freuen, bevor Enner Valencia wieder ausgleicht – das Interesse am Tor hält sich auf Twitter aber stark in Grenzen, sind doch die vielen kleinen Fouls deutlich interessanter.

Bleibe dabei: Will Pepe mal gegen Honduras sehen. Muss nicht zwingend ein UFC-Käfig sein.
@runnertobi

Wurde ja schon beim letzten Spiel angemerkt, aber die Kreisliga in Honduras muss echt die Hölle sein.
@stadioncheck

Das Spiel wäre auch auf roter Asche denkbar! #honecu #wm2014
@sportschau

Auch der 1:2-Siegtreffer von Enner Valencia wird kaum wahrgenommen – Twitter erfreut sich vielmehr an sich selbst.

Ein Spiel wie erfunden für Twitter. #HONECU
@Peter_Ahrens

Honduras 1:2 Ecuador

Aufstellung Honduras: Valladares – Beckeles, Bernardez, Figueroa, Izaguirre (ab 46. J. Garcia) – Garrido (ab 71. M. Martinez), Espinoza – Claros, O. Garcia (ab 82. M. Chavez) – Bengtson, Costly

Aufstellung Ecuador: Dominguez – Paredes, Guagua, Erazo, W. Ayovi – Minda (ab 83. Gruezo), Noboa – A. Valencia, Montero (ab 90.+2 Achilier) – E. Valencia, F. Caicedo (ab 82. Mendez)

Tore: 1:0 Costly (31.), 1:1 E. Valencia (34.), 1:2 E. Valencia (65.)

Gelbe Karten: Bernardez, Bengtson – A. Valencia, E. Valencia, Montero

---

#ARGIRN

Während in allen Gruppen am laufenden Band Tore fallen, bemüht sich der Iran in Gruppe F, dem Trend entgegenzuwirken. Auch gegen Argentinien geht die Taktik lange auf.

Was nach Rufnummer eines ambulanten Notdienstes klingt, ist tatsächlich die Taktik des Iran: 8-1-1. #WM2014 #ARGIRN
@uwolf67

Etwas unglücklich sieht in der Partie nicht nur Argentinien, sondern auch der Schiedsrichter aus – er erkennt den Iranern einen Elfmeter ab und steht immer wieder den Spielern im Weg.

Glaube, der Schiri würde selbst gern spielen. #ARGIRA
@dennyf

In der zweiten Halbzeit hält der iranische Beton weiter. Gelegentlich wagt sich das Team um Dejagah sogar nach vorne.

Bei Dejagah zahlen sich die Einheiten am Mount Magath aus. #ARGIRA
@guek62

Suche Fanartikel-Shop für Iran, Costa Rica und Honduras. #WM2014 #WorldCup2014 #ARGIRN
@shoushouswelt

Nachdem der Iran über 90 Minuten fleißig Tore verhindert und Fans gesammelt hat, trifft dann aber doch der Favorit. Argentinien gewinnt durch einen Messi-Treffer in der Nachspielzeit.

Fußball, du grausames Miststück. #ARGIRN
@flopumuc

Es gibt keine Gerechtigkeit im Fußball. Gab es nie. #ARGIRA
@Duchateau

Trending: Ungerecht! #argirn #wm2014
@sportschau

Eines der kleinen Highlights des Spiels liefert übrigens der Torwart des Irans, indem er nicht nur durch tolle Paraden, sondern auch durch besondere Fußballschuhe auffällt.

Irans Torwart Haghighi hat ganz schwarze Schuhe an. Ich mag ihn.
#argira #WM2014
@riedeldavid

Argentinien 1:0 Iran

Aufstellung Argentinien: Romero – Zabaleta, F. Fernandez, Garay, Rojo – Mascherano – Gago, di Maria (ab 90.+4 Biglia) – Messi, Aguero (ab 77. Lavezzi) – Higuain (ab 77. Palacio)

Aufstellung Iran: A. Haghighi – Montazeri, Hosseini, Sadeghi, Pooladi – Shojaei (ab 77. Heydari), Teymourian, Nekounam, Hajsafi (ab 88. R. Haghighi) – Ghoochannejad, Dejagah (ab 85. Jahanbakhsh)

Tor: 1:0 Messi (90.+1)

Gelbe Karten: – Nekounam, Shojaei

#GERGHA

Die erste Hauptbeschäftigung eines Twitterers zu einem Deutschland-Spiel? Erst über die Aufstellung spekulieren und dann eine Stunde vor dem Anpfiff Löws Entscheidung kommentieren – dabei bleibt es auch gegen Ghana.

Können bitte noch so 10, 15 Leute twittern, dass #Hummels spielt? Ich brauch immer ein bisschen länger. Danke.
#GER #GHA #GERGHA
@BobMachee

Steht schon wieder 'n Neuer im Tor. #GERGHA
@fiene

Die Fans im Stadion sind zu Beginn des Spiels viel mehr damit beschäftigt, wie schon in der ersten Partie Banner aufzuhängen, die von der FIFA wieder umgehend abgehängt werden.

Jetzt hängen die Fans die Banner wieder auf. Es bleibt spannend. Hier ist noch nichts entschieden. #GERGHA of
@zeitonlinesport

Schon wieder Länderfahnen im Publikum. Renitentes Pack. Hallo, das ist eine FIFA-Dauerwerbesendung! #GERGHA
@einsunterpar

Auf dem Platz schenken sich beide Teams nichts. Sowohl Deutschland als auch Ghana erspielen sich Chancen, können aber beide den Ball nicht im Tor versenken – auch deswegen konzentrieren sich zunächst viele Twitterer auf das Brüderduell der Boatengs.

Jérôme, lass deinen Bruder gefälligst auch mal mit dem Ball spielen!
Sonst ab in die Wuthöhle! #GERGHA #WM2014
@Grolmori

In der zweite Hälfte ist dann deutlich mehr Dampf. Erst bringt Mario Götze die Nationalmannschaft in Führung ...

Wie nennt man dieses Kunststück von Götze denn nun eigentlich?
Kopfknieballtor? #wm2014 #gergha
@sportschau

#Goetze mit dem Kopf und dem Knie – er hat soeben den Knopfball erfunden.
#GERGHA #WM2014
@MickyBeisenherz

... bevor Ghana durch zwei Tore von Anthony Ayew und Gyan plötzlich in Führung geht.

BILD-Überschrift für morgen: „Das war GHA nix!" #WM2014
#GERGHA
@juligrimson

Ghana, der Montag der Vorrunde. #GERGHA
@RalphVoss

Konnte ja keiner damit rechnen, dass der Gegner sich heute wehrt ...
#GERGHA
@Tina__3588

Das deutsche Mittelfeld bekommt kein Fleisch an seine Angriffsbe-
mühungen. Sie sind quasi Ve #GHA n. #gergha
@hassanscorner

Weil es vielleicht später untergeht in der Fehleranlayse: Ghana spielt

Spätestens nach diesen zwölf Minuten, in denen drei Tore fielen, wird das Spiel zum offenen Schlagabtausch. Ghana ist von der puren Motivation gepackt, und Deutschland versucht mit zwei Oldies gegenzuhalten – in der 69. Minute wechselt Löw Schweinsteiger und Klose ein.

349 Länderspiele machen sich warm. #schweinsteiger #podolski
#klose #gergha /sgi
@ntvde_sport

Zwei Minuten später sticht dann der Joker: Miroslav Klose netzt mit seiner ersten Ballberührung ein und wird mit seinem 15. WM-Treffer Rekordtorschütze.

Na ja, die Salto-Haltungsnoten... ;) #GERGHA #Klose
@Hesselmann31

Klose = WM = WahnsinnsMensch.
#gergha #WM2014
@riedeldavid

Auch nach dem Ausgleich geben beide Teams weiter Vollgas, spielen ihre Aktionen aber nicht mehr konsequent zu Ende. Für kleine Schmunzler sorgt auch in dieser Partie wieder der ungewöhnliche 4-Mann-Freistoß der Nationalelf.

Ein Freistoß für's Fernsehballett. #GERGHA
@C_Holler

Bis zur letzten Minute kämpft auch Thomas Müller, der nach der allerletzten Aktion mit blutüberströmtem Gesicht am Boden liegt. Beim Kopfballduell mit Ghanas Boye wird Müller knapp über dem Auge getroffen und sorgt für einen kleinen Schockmoment zum Abschluss.

Mit 'nem blutigen Auge davongekommen. #GERGHA
@DuckMS

Was für ein kräftezehrendes Spiel. Wie sich die Spieler erst fühlen müssen. #GERGHA
@rock_galore

Zum Glück ein schwieriges Spiel. So kehrt Realismus ein. #GERGHA
#WorldCup2014
@FlorianKoenig1

Man of the Match wurde übrigens Mario Götze.

Götze als Man of the Match. Weiß der @MOpdenhoevel das schon?
@Reporter_vorOrt

Deutschland 2:2 Ghana

Aufstellung Deutschland: Neuer – J. Boateng (ab 46. Mustafi), Mertesacker, Hummels, Höwedes – Lahm – Khedira (ab 69. Schweinsteiger), Kroos – Özil, Götze (ab 69. Klose) – T. Müller

Aufstellung Ghana: Dauda – Afful, Boye, Jonathan Mensah, Asamoah – Rabiu (ab 78. Agyemang Badu), Muntari – Atsu (ab 72. Wakaso), A. Ayew – Gyan, K.-P. Boateng (ab 52. J. Ayew)

Tore: 1:0 Götze (51.), 1:1 A. Ayew (54.), 1:2 Gyan (63.), 2:2 Klose (71.)

Gelbe Karte: – Muntari

#NGABIH

Trotz einer ordentlichen Partie gegen Argentinien steht Bosnien-Herzegowina schon im zweiten Spiel vor dem Aus. Nach einem etwas vorsichtigeren Beginn folgt dann nach 21 Minuten aber bereits die richtige Antwort auf diesen Druck – eigentlich. Obwohl Dzeko deutlich nicht im Abseits steht, wird die erste WM-Führung der Bosnier nicht gegeben.

Trendet „Fehlentscheidung" schon? #wm2014 #ngabih
@sportschau

Dieses Spiel wird Ihnen präsentiert vom Café King! #ngabih
#WM2014
@Schmmmiddelinho

Anstatt Bosnien-Herzegowina geht Nigeria acht Minuten später durch Odemwingie in Führung.

Odemwingie.
Auf Deutsch: Oh, dem werde ich zuwinken! #ngabih
@_maeander

Nigeria, jetzt absolut im Soll, zieht sich nach dem Treffer weitestgehend zurück und lauert zumeist nur noch auf Konter.

Wenn du GERGHA und NGABIH übereinander legst, dann denkst du, es seien zwei verschiedene Sportarten. Die Entdeckung der Langsamkeit.
@frankie1960

Die Bosnier kommen zwar auch in Durchgang zwei hin und wieder zu Chancen, aber nur in der Nachspielzeit dem Ausgleich wirklich nahe. Der erste Auftritt der „Drachen" endet damit schon nach sechs Tagen WM.

Bosnien steht auf meiner Rangliste der Enttäuschungen recht weit oben. Selbst wenn sie jetzt noch den Ausgleich reinflanken.
@TobiasEscher

Simon: „Dzeko ist einer, der nur einen Moment braucht." Leider immer einen Moment zu lange. #NGABIH
@frankie1960

Nigeria 1:0 Bosnien-Herzegowina

Aufstellung Nigeria: Enyeama – Ambrose, Yobo, Omeruo, Oshaniwa – Onazi, Mikel – Babatunde (ab 75. Uzoenyi) – Odemwingie, Emenike, Musa (ab 65. Sh. Ameobi)

Aufstellung Bosnien-Herzegowina: Begovic – Mujdza, Sunjic, Spahic, Lulic (ab 58. Salihovic) – Besic, Medunjanin (ab 64. Susic) – Hajrovic (ab 57. Ibisevic), Pjanic, Misimovic – Dzeko

Tor: 1:0 Odemwingie (29.)

Gelbe Karten: Mikel – Medunjanin

#BELRUS

Iran gegen Nigeria hat gezeigt, wie langweilig ein 0:0 sein kann. Belgien gegen Russland versucht zu beweisen, dass auch ein Tor ein solches Spiel nicht besser macht. Während die Teams auf dem Platz für keine große Spannung sorgen, kursieren auf Twitter die wirklich wichtigen Fragen.

Ob Kevin dö Bröne mit Leon Andröösen verwandt ist? #wm2014 #belrus
@dennishorn

Sind das eigentlich FIFA-Mitarbeiter, die bei jedem 0:0-Spiel die Laola anzetteln? #belrus
@AndreasCueppers

Wie lange geht das Warmlaufen noch, bevor das Spiel beginnt? #BelRus
@42x73

Als Sepp Blatter gezeigt wird, gibt es doch kurz ein Gesprächsthema – schnell widmet man sich aber doch den Überlegungen, was man mit diesem Spiel sonst so anfangen könnte.

Blatter in Nahaufnahme. Bestechende Optik. #belrus
@voegi79

Blatter beim schlechtesten Spiel des Turniers im Stadion. Der Fußballgott lässt sich halt nicht kaufen. #belrus
@AndreasCueppers

Ich muss mir das Spiel aufzeichnen und als Einschlafhilfe für meine

zukünftigen Kinder nutzen! #BELRUS #WM14
@kuehles_Blondes

Eine gute Stunde gespielt. Und wir denken ernsthaft daran, mal die
Redaktionsräume durchzusaugen. #langweilig #BELRUS
@HZSportTV

Ein 0-Uhr-Spiel um 18 Uhr. #belrus #WM2014
@stadtneurotikr

Wie schon im ersten Spiel Belgiens, sorgt am Ende ein Joker für die Entscheidung. In der 88. Minute trifft Origi zum
1:0-Endstand, und Marc Wilmots darf sich abermals feiern
lassen.

Einwechsel-Weltmeister: Marc Wilmots
@ZDFsportstudio

Belgien 1:0 Russland

Aufstellung Belgien: Courtois – Alderweireld, van Buyten, Kompany, Verma-
elen (ab 31. Vertonghen) – Witsel, de Bruyne – Mertens (ab 75. Mirallas),
Fellaini, Hazard – Lukaku (ab 57. Origi)

Aufstellung Russland: Akinfeev – Kozlov (ab 62. Yeshchenko), V. Berezutskiy,
Ignashevich, D. Kombarov – Glushakov – Samedov (ab 90. Kerzhakov), Shatov
(ab 83. Dzagoev), Fayzulin, Kanunnikov – Kokorin

Tor: 1:0 Origi (88.)

Gelbe Karten: Witsel, Alderweireld – Glushakov

98

#KORALG

Nach den ersten Gruppenspielen verspricht Südkorea gegen Algerien nicht unbedingt das Topspiel des Tages zu werden. @Steelfrage hat da aber schon eine Ahnung.

Sollte es bei #KORALG heiß hergehen, dann liegt das daran: Ein Anagramm von Algerien ist Rangelei. Let's get ready to rumble! #Rangeln
@Steelfrage

Am Anfang sind die Kommentare noch ein bisschen überrascht, dass Algerien tatsächlich nach vorne arbeitet, ...

Och, na ja. Das ging ja schon mal gut nach vorn für die Algerier. Das war sogar ein Torschuss. #KORALG #WM2014
@sportschau

... das Anagramm-Orakel trifft es dann aber doch ziemlich genau. Erst musste Algerien lange auf einen Torerfolg warten, und jetzt holen sie gleich alles in einer Partie nach. Ein starker Anfang der Algerier wird durch drei Treffer in zwölf Minuten belohnt – Slimani in der 26., Halliche in der 28. und Djabou in der 38. Minute.

Läuft alles auf ein WM-Finale Costa Rica – Algerien hinaus.
@popkulturjunkie

Algerien gehört ohne jeden Zweifel zu den etwa 20 Geheimfavoriten auf den Titel. #KORALG
@andreas_clever

Nach der Pause geht es genauso munter weiter, nur spielt ab

jetzt auch Südkorea mit. Die allererste Torchance verwandelt Son gleich zum Anschlusstreffer – zuvor führte Algerien die Torschussstatistik mit sagenhaften 12:0 an.

Aber wenn sie treffen, dann auch schön. Der erste koreanische Torschuss sitzt. Son tunnelt Rais zum 1:3. #KORALG #WM2014
@sportschau

Auf dem Bolzplatz gab's früher dafür immer drei Watschn ... Son dreht sich in aller Ruhe und schießt dem Keeper durch die Beine. 1:3! #KORALG
@SPORT1

Eine Aufholjagd gelingt den Koreanern jetzt allerdings nicht. Knapp zehn Minuten nach Son trifft wieder Algerien durch Brahimi, und nach weiteren zehn Minuten erzielt Koo den 2:4 Endstand.

Wenn die Südkoreaner mit DER Abwehr auf die Schweizer mit Djourou/Senderos träfen, wie ginge das wohl aus? 100:100? #KORALG
@taz_kruse

Ich lache leise über alle, die den Fernseher ausgemacht haben, weil sie keine Lust auf langweiligen Fußball hatten. Riesenkick #KORALG
@astiae

Man erwartet Knallerbsen und bekommt ein Feuerwerk. #KORALG
@Mellcolm

Ein Spiel unter der Überschrift „Abwehr — Überflüssiger Schnickschnack oder notwendiges Übel?". #KORALG
@einheinser

*Momentan liefern sich Messi und Ronaldo einen Zweikampf, wer
dank fehlender Fitness und schwacher Defensivarbeit seinem Team
mehr schadet.*
@TobiasEscher

Nach 64 Minuten dann der äußerst verdiente US-Treffer. Aus
knapp 25 Metern zieht Jermaine Jones ab und überwindet
den portugiesischen Keeper.

Die wilde 13 wieder ... #jones #USAPOR
@fehlpass

In der 81. Minute der Schock für Portugal: Clint Dempsey trifft und bringt die USA in Führung – die Amerikaner
wären damit vorzeitig im Achtelfinale und die Portugiesen
überraschend ausgeschieden.

*Der Mann, der mit gebrochener Nase, aber ohne Maske spielt, netzt
mit dem BAUCHNABEL ein. Clint „Eastwood" Dempsey. #USAPOR
#WM2014*
@SPORT1fm

Real Madrid fast vollzählig beim Trainingsstart. #USAPOR
@U2TourHans

*Respekt für diese US-Jungs, die zum Soccer mussten, weil es für eine
Eishockeykarriere nicht gereicht hat. #USAPOR*
@guek62

Die letzte Aktion bringt Portugal dann doch noch zurück. In
der fünften Minute der Nachspielzeit köpft Varela den Ball
ins Netz und sichert seinem Team wenigstens eine kleine
Chance auf das Achtelfinale.

Den Abgesang auf den Weltfussballer erst dann anstimmen, wenn die letzte Flanke geschlagen ist. #usapor
@sparschaeler

Der Last-Minute-Treffer sorgt aber auch für eine pikante Konstellation. Im letzten Spiel zwischen Deutschland und den USA reicht beiden Teams ein Unentschieden, um in das Achtelfinale einzuziehen – da werden bei vielen Erinnerungen wach.

Ich fordere den Bundestag auf, mit sofortiger Wirkung ein Gesetz zu verabschieden, das Gijon- und Cordoba-Vergleiche verbietet.
@TobiasEscher

USA 2:2 Portugal

Aufstellung USA: Howard – F. Johnson, Cameron, Besler, Beasley – Beckerman, J. Jones – Bedoya (ab 72. Yedlin), Bradley, Zusi (ab 90.+1 Gonzalez) – Dempsey (ab 87. Wondolowski)

Aufstellung Portugal: Beto – Joao Pereira, Ricardo Costa, Bruno Alves, André Almeida (ab 46. William Carvalho) – Miguel Veloso – Joao Moutinho, Raul Meireles (ab 69. Varela) – Nani, Cristiano Ronaldo – Helder Postiga (ab 16. Eder)

Tore: 0:1 Nani (5.), 1:1 J. Jones (64.), 2:1 Dempsey (81.), 2:2 Varela (90.+5)

Gelbe Karte: J. Jones -

Gut, dass hier nicht Kloses Landung abgebildet wird.

Samma mal ...

#NEDCHI

Der Spannungsbogen will ganz behutsam aufgebaut werden – während in manchen Gruppen noch alle vier Teams
die Chance auf das Achtelfinale haben, ist in Gruppe B alles
entschieden. Dennoch gibt es für die Niederlande und Chile
gute Gründe, kämpferisch in die Partie zu starten, will man
doch mit einem Gruppensieg die Brasilianer umgehen. Es
folgt ein Spiel voller kleiner Fouls und mit wenig Chancen.

*Die Holländer spielen erstmals seit 221 Partien ohne „van" und ohne
Fun. #NED 0 #CHI 0 #NEDCHI #WM2014 #wmtweet*
@Mediensalatinfo

*Falls irgendwer die Gelbe Karte finden sollte, die der Schiri verloren
hat, bitte bei den #fifafloeten abgeben! #NEDCHI #WM2014*
@emtege

*#hallohallo #ARD was soll das? Ich wollte #nedchi sehen und nicht
Deutschland-Österreich von 82*
@Sky_Rollo

*Spannend wie ein Tischfussballspiel. Alleine. Gegen mich selbst.
Ohne Ball. Im Dunkeln.*
@Netter_Herr

Erst in der 77. Minute wird das Publikum erlöst – zwei Minuten nachdem er eingewechselt wurde, köpft Fer zum 1:0
für die Niederländer ein. Für Twitter ebnet der Name des
Schützen den Weg in die Wortspielhölle.

Ferdammt böse Wortspiele in meiner Timeline.
@fetzi6

Das Spiel plätschert dann weiter vor sich hin, und man merkt beiden Teams an, dass es in diesem Spiel nur um die berühmte „Goldene Ananas" geht. Gen Ende erhöhen Torres und Mata noch auf 3:0 und sorgen wenigstens für einen halbwegs versöhnlichen WM-Abschluss.

Das Spiel ist so unwichtig, dass sogar Torres wieder trifft. #AUSESP
@dennyf

Spanien kann doch noch ein bisschen zaubern. Ein Jammer dass sie sich nicht ins Achtelfinale zaubern können ... #AUSESP
@DerBrainfucker

Freundschaftsspiele können sie, diese Spanier. #AUSESP #WM2014
@DSubby

Australien 0:3 Spanien

Aufstellung Australien: Ryan – McGowan, Spiranovic, Wilkinson, Davidson – McKay, Jedinak, Bozanic (ab 72. Bresciano) – Leckie, Taggart (ab 46. Halloran), Oar (ab 61. Troisi)

Aufstellung Spanien: Reina – Juanfran, Sergio Ramos, Raul Albiol, Jordi Alba – Xabi Alonso (ab 84. Silva), Iniesta, Koke – Santi Cazorla (ab 68. Fabregas), Fernando Torres, Villa (ab 56. Mata)

Tore: 0:1 Villa (36.), 0:2 Fernando Torres (69.), 0:3 Mata (82.)

Gelbe Karten: Spiranovic, Jedinak – Sergio Ramos

#CMRBRA

Kamerun ist seit jeher als kämpferisches Team bekannt und bestätigt gleich in der ersten Viertelstunde seinen Ruf – nach einigen kleineren Fouls schubst Nyom Neymar mit viel Schwung in die Bande, kommt aber ohne Strafe davon.

Schubsen von hinten gibt kein Rot? Und noch nicht mal Gelb? Hui.
#WM2014 #CMRBRA
@Nico79

Während Kamerun um die Ehre und Brasilien um den Gruppensieg kämpft, gibt es für die ARD ein ganz anderes Schlachtfeld: die Konferenzschalte. Mit einer unglaublichen Treffgenauigkeit schafft man es, genau bei den Treffern kurz zu Kroatien gegen Mexiko zu schalten.

Konferenz bedeutet, alle Tore live zu verpassen. #CMRBRA
#wm2014 #wmtweet
@TomKnieper

Nachdem die Zuschauer den Treffer von Neymar noch bewundern dürfen, sieht man das 1:1 durch den Schalker Joel Matip leider nicht.

Da hat der Joel Matip bei @KJ_Huntelaar gut zugeschaut all die Jahre ... #s04 #CMRBRA
@AndiErnst

Neun Minuten später bringt Neymar die Brasilianer wieder in Führung – wieder ohne die ARD.

Boah, da ist der Torwart von Kamerun aber grad noch rechtzeitig

zur Seite gesprungen, Neymar hätt ihn beinah getroffen. #cmrvsbra
@Fischblog

So einen Arbeitneymar wünscht sich jedes Unternehmen. #CMRB-RA
@goedcorner

In der ersten Hälfte bewegt sich Kamerun fast noch auf Augenhöhe – die zweite Hälfte geht aber klar an die Brasilianer. Nach einem Treffer von Fred zieht sich Brasilien in die Defensive zurück, um den Sieg und die Gruppenführung abzusichern. Eine der wenigen Offensivaktionen verwandelt Fernandinho dann in der 84. zum 1:4-Endstand.

#BRA (3) Neymar, Neymar, Neymar, Neymar, Neymar, Neymar, Neymar, Neymar, Neymar, Gustavos Schnurri minus Fred. #wmcheck
@flopumuc

Kamerun 1:4 Brasilien

Aufstellung Kamerun: Itandje – Nyom, Nkoulou, Matip, Bedimo – Enoh, Mbia, N'Guemo – Moukandjo (ab 59. Salli), Choupo-Moting (ab 81. Makoun) – Aboubakar (ab 72. Webo)

Aufstellung Brasilien: Julio Cesar – Dani Alves, Thiago Silva, David Luiz, Marcelo – Paulinho (ab 46. Fernandinho), Luiz Gustavo – Hulk (ab 63. Ramires), Oscar, Neymar (ab 71. Willian) – Fred

Tore: 0:1 Neymar (17.), 1:1 Matip (26.), 1:2 Neymar (35.), 1:3 Fred (49.), 1:4 Fernandinho (84.)

Gelbe Karten: Enoh, Salli, Mbia -

#CROMEX

Kroatien gegen Mexiko ist eine dieser Partien, in denen man ohne Probleme die ersten 60 Minuten überspringen kann. Die erste Stunde des Spiels liefert wenig Chancen und eine der längsten Abtastphasen dieser WM – danach geht es aber Schlag auf Schlag weiter. Erst übersieht der Schiedsrichter Ravshan Irmatov in der 64. Minute ein Elfmeter-reifes Handspiel von Srna, ...

Dafür hätten die Brasilianer ZWEI Handelfmeter bekommen.
#CROMEX #WM2014
@Flo_Reis

Wieder Handspiel von #CRO. Diesmal sogar im 16er.
Hätte Elfer für #MEX geben müssen.
Dem Schiri entgleitet das jetzt etwas.
#CROMEX #WM2014
@SPORT1

... bevor die Tore im Minutentakt fallen. Nach 72 Minuten netzt Marquez zur verdienten mexikanischen Führung ein.

Läuft kroat nich so gut ...
#CROMEX
@itstheicebird

Drei Minuten später folgt schon das 0:2 durch Guardado, und weitere sieben Minuten müssen die Zuschauer auf das 3:0 warten.

Eins noch von Mexiko und ich lach 'ne Woche. #CROMEX #Gruppensieg

*Mit den zwei geklauten Toren aus dem Spiel #MEXCAM wäre Me-
xiko übrigens Gruppenerster … #cromex*
@Wayosh

Dies gilt wenigstens, bis Ivan Perisic Mexiko in der 87. Minute dann doch noch den ersten Gegentreffer beschert. An
dem sicheren Achtelfinaleinzug der Mexikaner ändert es
aber nichts mehr.

*Zumindest kenn ich jetzt den Programmplatz (28) von @Einsfesti-
val. Ich gratuliere Mexiko, verdient! #CROMEX Gute Nacht!*
@HrsticIvo

Vom puren Frust gepackt, vervollständigt Rebic dann noch
den unrühmlichen WM-Abschied Kroatiens, indem er mit
der offenen Sohle das Schienbein von Pena attackiert und
dafür die Rote Karte sieht.

*Da spielt jetzt der Frust bei #CRO mit: Rebić eingewechselt und jetzt
glatt Rot.*
#CROMEX #WM2014
@SPORT1

Die letzte halbe Stunde der Partie war zwar spannend, viel
interessanter war es aber, die Seitenlinie zu beobachten. Mit
wilden Gesten und Jubelstürmen bei jedem Tor hat sich der
mexikanische Trainer Miguel Herrera definitiv in die Herzen
der Fans katapultiert.

Wir brauchen eine Miguel-Herrera-Cam! #CROMEX #WM2014
@MrMobody

Die Starkstrombatterie Miguel Herrera !!!
Was für eine marzipanöse Type!!! Herrlich, wie der Sportsfreund an
der Linie abgeht! #WM2014
@Sky_Torben

Ich gründe einen Miguel #Herrera Fanclub. Geilster Trainer der
#WM2014 Wer ist dabei? #CROMEX
@LinneMatt

Kroatien 1:3 Mexiko

Aufstellung Kroatien: Pletikosa – Srna, Corluka, Lovren, Vrsaljko (ab 58. Kovacic) – Rakitic, Pranjic (ab 74. Jelavic) – Perisic, Modric, Olic (ab 70. Rebic) – Mandzukic

Aufstellung Mexiko: Ochoa – Aguilar, Maza, Marquez, Moreno, Layun – Herrera, Vazquez, Guardado (ab 84. Marco Fabian) – G. dos Santos (ab 63. Hernandez) – Peralta (ab 80. Pena)

Tore: 0:1 Marquez (72.), 0:2 Guardado (75.), 0:3 Hernandez (82.), 1:3 Perisic (87.)

Gelbe Karten: Rakitic – Marquez, Vazquez

Rote Karte: Rebic (90.)

#ITAURU

Mit Italien gegen Urugay bekommt die Vorrunde auch ihr erstes Endspiel zweier Spitzennationen. Während Costa Rica überraschend schon im Achtelfinale steht, droht hier beiden Mannschaften das Aus.

Der Spitzname vom Schiri ist Chiquidrácula – Dracula. Kollege @
Duchateau so: Ein Spiel mit Biss! #ITAURU
@ruhrpoet

Die Prophezeiung von @Duchateau erweist sich aber erst in der zweiten Halbzeit als absolut zutreffend. Die ersten 45 Minuten sind zuvor leider nicht unbedingt die spektakulärsten dieser Weltmeisterschaft.

#ITA reicht ein Unentschieden, um Gruppenzweiter zu bleiben.
Böse Zungen munkeln, man könne es sehen ...
#ITAURU #WM2014
@SPORT1

Brasilien = Wir haben Neymar !!!
Italien = Wir haben elf Spieler, die wie Neymar fallen können! #itauru
@hassanscorner

Vielleicht sollte man die Tore ins Mittelfeld stellen ... #ITAURU
@Frechgeist

Italiener sind traditionell in der Lage, ein 0:0 ohne Nahrungsaufnahme und Flüssigkeitszufuhr 72 Stunden zu halten. #ITAURU
#WM2014
*@jamax_*

Eine gefühlte Mitternachtspartie. #ITAURU
@andreasterler

Die Einfallslosigkeit einer Mannschaft wird auch in Fouls pro Minu-
te gemessen.
#WM2014 #ITAURU
@netter_herr

Alleine die Gelbe Karte für Balotelli bekommt in der ersten
Halbzeit ein wenig Aufmerksamkeit. Nach dem Pausenpfiff
darf dann eben jener auf der Bank Platz nehmen - Italien ist
hier definitiv mit einem Unentschieden sehr zufrieden.

Neben dem Titel „Misses Next Match" trägt Balotelli jetzt auch den
als „Misses Rest Of This Match": Für ihn kommt Parolo. #wm2014
#itauru
@sportschau

In der 59. Minute der Schock für Italien! Marchisio trifft Arevalo Rios mit der offenen Sohle unterhalb des Knies und sieht
dafür glatt Rot. Weder der Kommentator noch die Twitterer
sind sich wirklich einig, ob diese Karte so gerechtfertigt ist.

Rot – Marchisio!
Es war abzusehen, dass das hier nicht mit 11 gegen 11 zu Ende ge-
spielt wird.
Aber war das wirklich Rot?
#ITAURU #WM2014
@SPORT1

Wenn ich Réthy richtig verstehe, muss man bei einer roten Karte den
Gegner ins Krankenhaus treten. #ITAURU
@Lassitudor

Den Fuß unters Knie gesetzt und dann noch mal durchgedrückt, direkt neben dem Schiri. Für mich ein korrekter Platzverweis. (af) |
#ITAURU
@CollinasErben

Die Defensivtaktik der Italiener ist nun stark in Gefahr, und Uruguay sieht die Chance. Jetzt ist in der Partie deutlich mehr Fahrt, und in der 81. Minute belohnt Godin die Bemühungen der Südamerikaner. Nach einer Ecke drückt er mit der linken Schulter den Ball in die Maschen.

Krämpfe sind gerade wie von Zauberhand von den Italienern auf die Uruguayer übergegangen. #ITAURU
@flopumuc

Während Uruguay den Sieg über die letzten zehn Minuten absichern kann, konzentriert sich das gesamte Internet auf die Szene vor dem Torerfolg.
Auf den ersten Blick erkennt man in der 80. Minute nur einen kleinen Kopfstoß von Luis Suarez, aber die Wiederholung zeigt, dass der Stürmerstar dem Italiener Chiellini in die Schulter gebissen hat. Der bereits dritte Biss in der Suarez-Profikarriere wird zwar vom Schiedsrichter nicht gesehen und so auch nicht bestraft – das Internet explodiert aber förmlich vor Memes, Photoshop-Kunstwerken und unzähligen Sprüchen.

„ORRR, Suarez! Iss 'n Snickers!"
„Wieso?"
„Immer wenn du hungrig bist, wirst du zur Diva!" #ITAURU
@textautomat

Schmeckt nach Aus für Italien. Sagt zumindest Suarez.
#ITAURU

@itstheicebird

„Und, was hattest du heut' Mittag?"
„Schulter!"
„Vom Schwein?"
„Nein, vom Italiener!"
#ITAURU
@humorlos4

Ein großer Vorteil von #Suarez ist seine dentale Stärke. #ITAURU
@MyNoirSpirit

Wie schlecht es wirklich um #ita bestellt ist, sieht man daran, dass
#Suarez immer noch steht. #itauru
@Rafanelli

Bei #ITAURU gab es mehr als drei Punkte. Zumindest auf der Schulter. #Chiellini #Suarez
@Riedeldavid

Suarez: Beißt ihm in die Schulter und richtet sich danach die Zähne.
Die Zombieapokalypse ist nicht mehr weit ... #ITAURU
@Killimanscharo

Gebt mir ein Phrasenschwein ... *kicher*
„Italien nimmt das Spiel auf die leichte Schulter"
„Uruguay mit mehr Biss"
#ITAURU #WM2014
@schreibrephorm

Für alle, die gern italienisch essen: Wir haben auch Spaghetti!
#ITAURU #suarez
@realMarkt

Wie schafft es #Suarez eigentlich, bei Sonnenlicht nicht zu Staub zu
zerfallen? #ITAURU

@Ghost_7

Uruguay gegen England: Suarez, was für ein geiler Kicker!
Uruguay gegen Italien: Suarez, das Schwein!
Eine WM als Brennglas einer Karriere.
@TobiasEscher

Schade, dass „Wetten, dass" ausläuft. #LuisSuarez hätte dort 40 Fuß-
baller blind am Geschmack erkennen können ...
@WolfgangGeier

Ob dieses Spiel einen faden Beigeschmack hatte? Weiß nur #Suarez.
#ITAURU
@sldis_welt

Italien 0:1 Uruguay

Aufstellung Italien: Pletikosa – Srna, Corluka, Lovren, Vrsaljko (ab 58. Kovacic) – Rakitic, Pranjic (ab 74. Jelavic) – Perisic, Modric, Olic (ab 70. Rebic)
– Mandzukic

Aufstellung Uruguay: Muslera – M. Caceres, Gimenez, Godin, Alvaro Pereira
(ab 63. Stuani) – Alv. Gonzalez, Arevalo Rios, C. Rodriguez (ab 78. Ramirez) –
Suarez, Lodeiro (ab 46. Maxi Pereira), Cavani

Tor: 0:1 Godin (81.)

Gelbe Karten: Balotelli, de Sciglio – Arevalo Rios, Muslera

Rote Karte: Marchisio (59.)

Solch ein Spitzenspiel verdient natürlich auch wieder einen Béla-Réthy-Arbeitsnachweis von @fums_magazin. Nachdem er sich zuletzt hin und wieder mit den Phrasen zurückgehalten hatte, griff er an dem Abend nochmals tief in die Kommentatorenkiste.

DER GROSSE „SELTEN WAR EIN PHRASENSHIT-BINGO NOTWENDIGER"

FUMS BÉLA RÉTHY ARBEITSNACHWEIS

Kein Wetter heute für Bartträger.	Der Schiedsrichter ist ein Pfarrer mit dem Spitznamen Dracula.	Immóbilé (24x)	Immobile unbeweglich.	Immobile mit blitzschnellen Bewegungen.
Pirlo, der seine Kräfte auch einteilt. Das ist auch richtig so.	PIRRRLO (9x)	Drüben auf der anderen Seite winkt Alvaro Gonzalez verzweifelt, dass er auch mal an den Ball kommen möchte.	Buffon draußäään! Erste gute Chance des Spiels.	Buffon. 36 Jahre. Ne kaputte Bandscheibe. Geht immer noch alles.
Galatasaray Istanbull.	Chiellini. Beim ersten Spiel gegen England war er im Mittelfeld. Jetzt wieder zurück in seine Heimat.	Hier haben wir Mario Balotelli, der irgendwie traurig aussieht.	Hier haben wir den Ringkampf, griechisch-römisch würde ich sagen und auch die entsprechende Theatralik.	Pirlo. Der 35-Jährige.
Aber er kann ja soviel der Ciro Immobile, Strafraumtyp, wie Gerd Müller.	Diese Zeitlupe gibt keinen realistischen Bewegungsablauf wieder.	Italien und Uruguay bieten Neutralisationsfussball.	Rote Karte! Sah für mich aus, wie ein ganz normales Duell.	Suáräääz!
Suárez richtet sich die Zähne.	Vielleicht hat er auch schon wieder gebissen.	Suárez, der Beißer.	Es war ein Duell mit gleichen Waffen.	Wenn der Ausgleich fällt, sieht das alles anders aus.

MEHR AUF WWW.FUSSBALLMACHTSPASS.DE

#CRCENG

Während die Partie zwischen Italien und Uruguay schon die spannendere Ausgangssituation bietet und sich das Internet nach der suarez'schen Beißattacke überschlägt, bleibt England gegen Costa Rica über die gesamte Spielzeit im Schatten. So wirklich wollen die beiden Teams aber auch nicht um die Aufmerksamkeit kämpfen.

Der bisherige Verlauf der #WM2014 in einem Satz zusammengefasst: „Costa Rica will gegen England Spieler schonen"
@schadhorst

Zwischenfazit: Ein costa-ricanisches Pferd springt nur so hoch, wie es muss. #crceng #nochimmerunentschieden
@sportschau

England schont sich noch fürs Rückspiel. #wmtweet
@Koenigvonsiam

Man, #zdf, ich will endlich die Tore von #CRCENG sehen ...
@voegi79

Rote Karte beim Parallelspiel? Mit so viel Action können wir hier nicht dienen. #crceng
@sportschau

Letztlich gilt die Aufmerksamkeit in dieser Partie wirklich nur den Altstars, die ihre letzten WM-Minuten erleben dürfen.

Steven Gerrard (34, gerade eingewechselt) und Frank Lampard (36) stehen jetzt noch einmal zusammen auf dem Platz. #crceng

Wenigstens bis zum Abpfiff, denn da kommt wieder die pure Verwunderung über die Mittelamerikaner hoch. Mit einem müden 0:0 geht Costa Rica ungeschlagen aus der „Todesgruppe" mit drei ehemaligen Weltmeistern.

Costa Rica Gruppensieger in der Todesgruppe. Noch mal: Costa Rica Gruppensieger in der Todesgruppe. #ITAURU #CRCENG
@Zaister

Costa Rica 0:0 England

Aufstellung Costa Rica: Navas – Duarte, Gonzalez, R. Miller – Gamboa, Junior Diaz – Tejeda, Borges (ab 78. Barrantes) – Ruiz, Brenes (ab 59. Bolanos) – J. Campbell (ab 66. Urena)

Aufstellung England: Foster – P. Jones, Cahill, Smalling, Shaw – Lampard – Lallana (ab 62. Sterling), Barkley, Wilshere (ab 73. Gerrard), Milner (ab 76. Rooney) – Sturridge

Tore: -

Gelbe Karten: Gonzalez – Barkley, Lallana

Miguel Herrera freut sich.

Für unzählige doofe Sprüche zu diesem Bild blättern Sie auf Seite 117.

#GRECIV

Auch wenn die Namen weniger klangvoll sind, als bei Italien gegen Uruguay, wird auch in dem Topspiel der Gruppe C ein Achtelfinalist gesucht.
Griechenland braucht einen Sieg gegen die Elfenbeinküste, damit sie als zweite Europäer neben den Niederländern in das Achtelfinale einziehen können. So starten sie notgedrungen ungewöhnlich offensiv in die Partie.

Warum ich die WM so mag: #ESP, #ENG und #ITA sind raus, aber Griechenland – aktuell ohne Turniertor – kann noch weiterkommen.
@flopumuc

Ein schneller Konter der Griechen. So viele Widersprüche in einem Satz. Wunderbar. #GRECIV
@Peeknicker

Wir verzeichnen nach 212 gespielten WM-Minuten die erste Torchance für Griechenland. #wmaut #greciv
@Pokernatic

Der Anfang des Spiels wird aber nicht nur von den vorsichtigen griechischen Offensivbemühungen, sondern auch von ihrem großen Verletzungspech geprägt. Sowohl der erfahrene Mittelfeldmann Kone als auch der Torhüter Karnezis müssen bereits in der ersten halben Stunde verletzt den Platz verlassen.

Das ist bitter: Zwei verletzungsbedingte Wechsel schon bei #GRE nach nur 23 Minuten.
#GRECIV #WM2014
@SPORT1

Kurz vor der Pause dann tatsächlich der erste Turniertreffer der Griechen. Nach einem Doppelpass mit Samaras trifft Samaris und stößt die Tür ins Achtelfinale weit auf.

Griechenland mit 1!!!! erzielten Treffer im Achtelfinale?!? #WM2014 #GRECIV
@ReifZahl

Die WM 2014 ging in die Geschichtsbücher ein, weil viele südamerikanische Mannschaften tollen Fußball spielten und Griechenland gewann.
@spielbeobachter

Wenn die Griechen mit einem geschossenen Tor ins AF kommen, haben sie wohl aller Welt bewiesen, wie gnadenlos sie sparen! #GRECIV #WM2014
@Hizmaniac

Nach der Pause kommt die Elfenbeinküste etwas besser in die Partie, zeigt aber beleibe keinen Hochglanzfußball. Der Ausgleich gelingt ihnen in der 74. Minute trotzdem durch den Joker Bony.

Der Treffer bewegt die Ivorer derart, dass auf der anderen Seite des Spielfelds ihr Torhüter Boubacar Barry zum Jubel in das Gras beißt – eine ungewöhnliche Geste, die am Ende aber unbelohnt bleibt.

In der letzten Minute der Nachspielzeit kommt es zum absolut berechtigten Elfmeter für die Griechen. Samaras wird gefoult, er verwandelt den Strafstoß selbst und bringt sein Team in die nächste Runde.

Weisheit des Tages: Lieber in die Schulter als ins Gras beißen. #Suarez #ITAURU #URU #WM2014 @ZDFsport
@Flo_Reis

Gigantisch gesehen von Vera Rodriguez, dass das ein Foul war, extrem schwer zu erkennen. Berechtigter Strafstoß. (af) | #GRECIV
@CollinasErben

So blöd ich die griechische Totaldefensive finde: Die Elfenbeinküste war heute alles andere als ein Gegenmodell. Schwache Leistung.
@TobiasEscher

Mit zwei Toren aus drei Spielen ins Achtelfinale. Muss man erst mal schaffen. #GRE #GRECIV
@anegend

Griechenland beendet die Eurokrise bei dieser WM.
@Peter_Ahrens

Griechenland 2:1 Elfenbeinküste

Aufstellung Griechenland: Karnezis (ab 24. Glykos) – Torosidis, Manolas, Sokratis, Holebas – Maniatis, Karagounis (ab 78. Gekas) – Salpingidis, P. Kone (ab 12. Samaris), Christodoulopoulos – Samaras

Aufstellung Elfenbeinküste: Barry – Aurier, Kolo Touré, Bamba, Boka – Tioté (ab 61. Bony), Serey Dié – Yaya Touré – Gervinho (ab 83. Sio), Kalou – Drogba (ab 78. Diomandé)

Tore: 1:0 Samaris (42.), 1:1 Bony (74.), 2:1 Samaras (90.+3, Foulelfmeter)

Gelbe Karten: – Drogba, Kalou, Serey Dié

#JPNCOL

Auch wenn es für Japan im letzten Spiel noch um das Achtel-
final-Ticket geht, kommen die Kolumbianer deutlich besser
ins Spiel.
Nach einem harmlosen Beginn und einem Elfmetertor durch
Cuadrado in der 17. Minute kann sich Japan in der Nachspielzeit der ersten Halbzeit durch Okazaki doch nochmals
zurück ins Spiel katapultieren.

Shinji #Okazaki. Zeigt endlich mal, was er auch in Mainz zeigt.
Wichtiger Zeitpunkt. #JAPCOL
@ruhrpoet

In der zweiten Halbzeit macht der frisch eingewechselte
James Rodriguez dann den Unterschied. In der 55. und in
der 82. bereitet er jeweils einen Treffer von Jackson vor und
hilft so den Kolumbianern zum letztlich absolut ungefährde-
ten Gruppensieg.

Japan, ehemals die Brasilianer Asiens. Heuer mehr so die Spanier
Asiens.
#jpncol
@Thermitbomber

Trotz der vielen Tore ist das Highlight der Partie der Torwart-
wechsel der Kolumbianer. Der Ex-Kölner Faryd Mondragon
wird fünf Minuten vor Schluss eingewechselt – der Methu-
salem des Turniers, der bereits 1994 im kolumbianischen
WM-Kader stand.

Mondragon ... Hach, Fußball, du kannst so grausam, aber auch kit-

schig sein.
@C_Holler

Schwarze Fußballschuhe. Wo bekomme ich ein #Mondragon-Trikot her?
@sportkultur

In der letzten Minute trifft James Rodriguez dann noch zum dritten Mal im dritten Spiel und schickt Japan mit einem 1:4 definitiv nach Hause.

#JPN (3) Viel Aufwand, wenig Ertrag. Naive Verteidigung, stumpfer Angriff. Platz vier in dieser Gruppe eigentlich indiskutabel. #wmcheck
@flopumuc

#COL (3) Unterfordert in Gruppe C. Sehr dynamisch, sehr kompakt, sehr starker James. Bank beachtlich. Urus, nehmt euch in Acht. #wmcheck
@flopumuc

Japan 1:4 Kolumbien

Aufstellung Japan: Kawashima – Uchida, Yoshida, Konno, Nagatomo – Aoyama (ab 62. Yamaguchi), Hasebe – Okazaki (ab 69. Kakitani), Honda, Kagawa (ab 85. Kiyotake) – Okubo

Aufstellung Kolumbien: Ospina (ab 85. Mondragon) – Arias, Valdes, Alvarez Balanta, Armero – Mejia, Guarin – Cuadrado (ab 46. Carbonero), Quintero (ab 46. James) – Ramos, Jackson

Tore: 0:1 Cuadrado (17., Foulelfmeter), 1:1 Okazaki (45.+1), 1:2 Jackson (55.), 1:3 Jackson (82.), 1:4 James (90.)

Gelbe Karten: Konno – Guarin

#NGAARG

Ein Blick auf den bisherigen Turnierverlauf verspricht für Nigeria gegen Argentinien nicht gerade viele Tore. Nigeria ist bisher das einzige Team ohne Gegentor, und Argentinien kassierte erst ein Tor. Die beiden Teams interessiert diese Statistik aber kaum. Nach nur drei Minuten netzt Messi zum 0:1 für Argentinien ein.

Bin für den Hashtag #NEGMESSI
@ruhrpoet

Ein großer Torjubel, ein Anstoß und eine Vorwärtsbewegung später steht es bereits 1:1 – Musa gleicht in der 4. Minute postwendend aus.

Das findet man wohl im Duden unter „Antwort, die" #NGAMESSI
#NGAARG
@ruhrpoet

Die treffen schneller, als ich twittern kann. #NGAARG
@Mellcolm

Ohne nörgeln zu wollen, aber Argentiniens Defensive war in den letzten Jahren deutlich stärker #NGAARG
@SPORT1

Nach diesem furiosen Start wird das ganze Spiel etwas konzentrierter, wodurch auch die großen Torchancen jetzt aber auf sich warten lassen. Regelmäßig dreht nur Messi auf, der kurz vor dem Pausenpfiff seinen Einsatz mit einem direkt verwandelten Freistoß krönt.

Aus diesem quirligen kleinen #Messi könnte wirklich etwas werden.
Ob der schon bei Uli und Kalle im Notizbüchlein steht? #NGAARG
@TuT_Parody

Messi hat übrigens 24 Tore in den letzten 23 Spielen für #ARG ge-
macht. #NGAARG
@SPORT1

Messi hat 'ne eigene Trikottasche, nur für den Gegner.
@hassanscorner

Nach der Pause beginnen beide Mannschaften wieder furios.
Erst gleicht Nigeria durch Musa in der 47. Minute wieder
aus, ...

Das ist das Spiel der Zweiminutentore.
Action gibt es zwei Minuten nach Anpfiff und zwei Minuten vor Ab-
pfiff. #NGAARG
@textautomat

... um dann drei Minuten später wieder einen Gegentreffer
entgegenzunehmen. Dieses Mal ausnahmsweise nicht durch
Lionel Messi, sondern durch Marcos Rojo.

Messi, Musa, Messi, Musa ... Und Rojo gibt den Spielverderber.
#NGAARG
@spox

Ich hab' ja vorhin in der achten Minute eingeschaltet, und nach der
Halbzeit zur 51. Minute. Vier Tore verpasst. Yeah. #NGAARG
@flopumuc

Die restliche Partie über versuchen beide Teams zwar hier
und da noch ein Tor zu erzielen – durch etwas Schützenhilfe von Bosnien-Herzegowina sind aber auch die Nigerianer

sicher weiter, und so bleibt es beim 2:3. Eine bittere Szene bekommt das Spiel aber auch noch. In der 64. Minute wird Babatunde von seinem Mitspieler derart stark angeschossen, dass er sich seinen Arm bricht.

Wie kann man mit einer Handverletzung vom Platz getragen wer-den? Funktionieren die Beine dann automatisch auch nicht mehr? #ngaarg #fussball
@fischer24

Nigeria 2:3 Argentinien

Aufstellung Nigeria: Enyeama – Ambrose, Omeruo, Yobo, Oshaniwa – Baba-tunde (ab 65. Uchebo), Onazi, Mikel – Odemwingie (ab 80. Nwofor), Emenike, Musa

Aufstellung Argentinien: Romero – Zabaleta, F. Fernandez, Garay, Rojo – Gago, Mascherano, di Maria – Messi (ab 63. R. Alvarez) – Higuain (ab 90.+1 Biglia), Aguero (ab 38. Lavezzi)

Tore: 0:1 Messi (3.), 1:1 Musa (4.), 1:2 Messi (45.+1), 2:2 Musa (47.), 2:3 Rojo (50.)

Gelbe Karten: Omeruo, Oshaniwa -

#BIHIRN

Bosnien-Herzogowina war zwar keiner der Geheimfavoriten für den Titel, aber einen Achtelfinaleinzug traute man dem Team gegen Nigeria und den Iran doch zu.
Anstatt um die nächste Runde müssen die Bosnier jetzt nach dem Vorrunden-Aus aber um Wiedergutmachung und ihre ersten WM-Punkte kämpfen. In der ersten Hälfte sorgt dann Dzeko auch für die erste WM-Führung für Bosnien-Herzegowina.

Ist das schon der Dze-K.O. für den Iran? #BIHIRN
@spox

Die gesamte zweite Halbzeit wollen die Iraner zwar irgendwie das Ruder noch herumreißen, aber wirklich gefährlich werden sie in keinem Moment, während die Bosnier zahlreiche Chancen vertändeln.

Was Bosnien da im Strafraum macht, ist mir auch ein Rätsel. Aber deswegen sind sie ja auch raus. #BIH #BIHIRN
@Tremonya

Spätestens nach dem 2:0 durch Pjanic war für beide Mannschaften klar, dass es ab jetzt kaum mehr als ein Freundschaftsspiel geworden ist.

Spiele gewinnen, in denen es um nix mehr geht: das können die Europäer noch. #bihira
@senSATZionell

Bevor Bosnien-Herzegowina noch den dritten Treffer markieren kann, trifft aber mit Ghoochannejad auch noch ein

132

Iraner – somit haben alle Teilnehmer der WM 2014 mindestens ein Tor geschossen.

#BIH So viel Offensivpotenzial, so wenig Achtelfinale. Goldene Generation, fraglich, ob WM-Chance noch mal wiederkommt. Schade!
#wmcheck
@flopumuc

#IRN Gegen Argentinien über den Verhältnissen, heute bitter bezahlt. Viele Indianer, kein Häuptling. So ein Messi hätte gutgetan ...
#wmcheck
@flopumuc

Bosnien-Herzegowina 3:1 Iran

Aufstellung Bosnien-Herzegowina: *Begovic – Vrsajevic, Sunjic, Spahic, Kolasinac – Besic – Hadzic (ab 61. Vranjes), Susic (ab 79. Salihovic) – Pjanic – Dzeko (ab 84. Visca), Ibisevic*

Aufstellung Iran: *A. Haghighi – Montazeri, Hosseini, Sadeghi, Pooladi – Teymourian, Nekounam – Hajsafi (ab 63. Jahanbakhsh) – Shojaei (ab 46. Heydari), Dejagah (ab 68. Ansarifard) – Ghoochannejad*

Tore: *1:0 Dzeko (23.), 2:0 Pjanic (59.), 2:1 Ghoochannejad (82.), 3:1 Vrsajevic (83.)*

Gelbe Karten: *Besic – Ansarifard*

#FRAECU

Frankreich hat bisher tollen Fußball gezeigt, nun aber bereits das Achtelfinale sicher. Ecuador dagegen hat bisher mit viel Kampf drei Punkte ergattern können und braucht einen weiteren Dreier fürs Achtelfinale.

Kein Wunder, dass sich über die gesamte Spielzeit nur Wenige für den Ball interessieren, sondern der Blick eher auf Fouls und Verletzungen fällt. Erstes Thema ist ein nicht geahndeter Ellbogenschlag des Franzosen Sakho nach nur sechs Minuten.

Wie geht's eigentlich #Sakho?
Der schlägt sich so durch. #ECUFRA
@goedcorner

Bis zum Halbzeitpfiff passiert dann nur noch wenig. Einzig der Mützenverband, den Noboa nach einer Platzwunde am Kopf anlegen muss, wird noch einmal stärker diskutiert.

„Verbandszipfelmütze" ist jetzt schon mein Wort der #wm 2014.
@IchBinJazz

Die Franzosen haben alle ihre Tore schon gegen die Schweiz aufgebraucht. #FRAECU #WM2014 #SUIHON
@froumeier

Einziges Szenario, das zu dieser WM passt, ist das 1:0 für Ecuador in Minute 95. #ecufra
@Tim_Roehn

#ECU will, kann aber nicht. #FRA kann, will aber nicht. #ECUFRA #WM2014

134

Dass #ECUFRA eher so mittel ist, erkenne ich an zwei Dingen.
1. Im Stadion laufen die ganze Zeit Zuschauer rum.
2. Mir ist das aufgefallen.
@toschcrs

Die einzigen Themen der zweiten Halbzeit sind wieder nur heftige Fouls. Erst fliegt Antonio Valancia nach 50 Minuten vom Platz, ...

Korrekter Platzverweis. Offene Sohle voraus, Volltreffer, gesundheitsgefährdende Spielweise. (af) | #ECUFRA #Valencia
@CollinasErben

... bevor Frankreich kurz vor Schluss noch einmal mit einem Ellbogenschlag Glück hat. Dieses Mal trifft Giroud einen Gegenspieler, sieht aber auch keine Karte.

Ich hoffe ja, #FRA interpretiert „KO-Runde" nicht falsch. #ausgruenden
@astiae

Ecuador 0:0 Frankreich

Aufstellung Ecuador: Dominguez – Paredes, Guagua, Erazo, W. Ayovi – Minda, Noboa (ab 89. F. Caicedo) – Montero (ab 63. Ibarra), Arroyo (ab 81. Achilier) – A. Valencia – E. Valencia

Aufstellung Frankreich: Lloris – Sagna, Koscielny, Sakho (ab 61. Varane), Digne – Pogba, Schneiderlin, Matuidi (ab 67. Giroud) – Sissoko, Benzema, Griezmann (ab 79. Remy)

Tore: -

Gelbe Karte: Erazo -

Rote Karte: A. Valencia (50.)

#HONSUI

Schon bei der letzten Weltmeisterschaft sind die Achtelfinalträume der Schweizer, nach einem Sieg über den späteren Weltmeister Spanien, gegen Honduras geplatzt. Daher geht die Nati definitiv mit dem nötigen Respekt in ihre letzte Vorrundenpartie.

Der Trainer von Honduras heißt – ACHTUNG! – Luis #Suarez. Er beißt nicht, er lässt nur spielen. Sein Team. #nichtverwandt #wm2014 #honsui
@sportschau

Wenn Sand auf Matsch auf grüne Farbe trifft, ist es natürlich immer noch kein Rasen. Fürchterliche Platzverhältnisse. #SUIHON
@SPORT1

Besonders stark wurde nach den letzten beiden Vorrundenpartien Xherdan Shaqiri kritisiert. Heute beweist der Bayern-Spieler aber, dass er nicht umsonst 2011 und 2012 Fußballer des Jahres in der Schweiz geworden ist. Erst trifft er nach sechs Minuten in den Winkel zum 0:1, ...

Da, wo die Eule schläft.² #HONSUI
@ruhrpoet

... bevor er mit Treffern in der 31. und 71. Minute den Hattrick komplett macht. Der 50. Hattrick der WM-Geschichte ist gleichzeitig der erste Schweizer Hattrick seit der Heim-WM 1954.

---

2   Brasilianische Bezeichnung für einen Treffer in den Winkel – präsentiert vor dem Eröffnungsspiel vom ZDF und bei jedem entsprechenden Treffer wiederholt von @ruhrpoet.

Tja ... Was soll man sagen außer: #SHAQATTAAAACK! Drei Tore in einem Spiel – und es ist noch Zeit! Wahnsinn! #HONSUI 0-3 (71')
@FCBayern

Hopp Schwiiz. Shaqiri verlängert Amtszeit von Hitzfeld. #WM2014
#HONSUI @WELT_Sport @XS_11official
@lars_garten

Die Schweiz ist eine Runde weiter, und nach dem desaströsen Auftritt gegen Frankreich ist nun auch das Selbstvertrauen zurück.

Okay, Lateinamerikaner können wir. Argentinien ist einfach ein weiterer Schritt zum Titel.
#HONSUI #HoppSchwiiz
@dachshaarpinsel

Honduras 0:3 Schweiz

Aufstellung Honduras: Valladares – Beckeles, Bernardez, Figueroa, J. Garcia – Claros, W. Palacios – O. Garcia (ab 77. Najar), Espinoza (ab 46. M. Chavez) – Costly (ab 40. Je. Palacios) – Bengtson

Aufstellung Schweiz: Benaglio – Lichtsteiner, Djourou, Schär, Rodriguez – Behrami, Inler – G. Xhaka (ab 77. Lang), Shaqiri (ab 87. Dzemaili), Mehmedi – Drmic (ab 73. Seferovic)

Tore: 0:1 Shaqiri (6.), 0:2 Shaqiri (31.), 0:3 Shaqiri (71.)

Gelbe Karten: Je. Palacios -

Gerade auf @zdf das Aufwärmtraining der deutschen Mannschaft
gesehen. Wann geht das Spiel los? #USAGER
@NelaLee

Was für ein ein prähistorischer Kick.
Wie aus einem Schland vor unserer Zeit. #USAGER
@textautomat

Ob es auch wildwasserfestes #Freistossspray gibt? #USAGER
@ruhrpoet

US-Fans vertreiben sich die Zeit im Block mit Wasserbällen. Passt.
#usager
@Reporter_vorOrt

Wirklich Aufsehen erregt neben dem Regen nur eine Szene
nach knapp 30 Minuten. Jermaine Jones will sich den Ball
holen, wird auf dem Weg aber vom Schiedsrichter Irmatov
angerempelt und geht zu Boden.

Schiri Irmatov checkt Jones an der Strafraumkante im Stile eines Eis-
hockey-Verteidigers. Glück gehabt! #usager
@sportschau

Der Schiedsrichter hat sich nicht an den Nichtangriffspakt gehalten!
#USAGER
@s_standke

Zehn Minuten nachdem der Schiedsrichter die zweite Hälfte
angepfiffen hat, kommt es dann zum ersten und einzigen Tor
der Partie. Eine Ecke landet erst auf Mertesackers Kopf, wird
von Howard abgewehrt und kann dann vom etwas abseits
stehenden Müller doch noch verwertet werden.

Ich bin ein Müller.
Halb Mensch, halb Knüller.
@zuletztgelacht

Wieso auch immer Thomas Müller da als Torjäger steht?! Ich ver-
steh' diesen Kerl nicht. #usager
@Finn_Clausen

Aus dem Hintergrund müsste Müller schießen. Müller schießt. Bu-
ums. #USAGER
@ruhrpoet

#USAGER 1:0 Müller (55). Der Typ kann selbst aus 17 Metern ab-
stauben. (of)
@zeitonlinesport

Auch in der zweiten Halbzeit kämpft Jermaine Jones weiter
– mit seiner groben Streuung trifft er dieses Mal nach den
Gegenspielern und dem Schiedsrichter auch einen eigenen
Mann.

Wenn Jones jetzt noch den Pfosten, Klinsi und ein Einlaufkind mit-
nimmt, hat er alles im Stadion abgeräumt, was geht. #USAGER
@GNetzer

Der kämpferischen Stärke zum Trotz bringen die Amerikaner im ganzen Spiel keinen richtigen Torschuss zustande. So
gewinnen die Deutschen letztlich knapp aber souverän mit
1:0.

Was man auf @ZDF leider nicht sieht: Manuel Neuer baut gerade
im deutschen Strafraum Kartoffeln an. #USAGER
@555SCHUH

Wenn man bedenkt, dass Deutschland ein Remis gereicht hätte, war

das eine starke Vorstellung. USA mit 4 (!) Schüssen, keiner aufs Tor.
@TobiasEscher

Besser versteckt als die Amerikaner hat sich eigentlich nur Ed Snow-
den.
#WM2014 #USAGER
@MickyBeisenherz

USA 0:1 Deutschland

Aufstellung USA: Howard – F. Johnson, Gonzalez, Besler, Beasley – Beckerman, J. Jones – Zusi (ab 84. Yedlin), Bradley, Davis (ab 59. Bedoya) – Dempsey

Aufstellung Deutschland: Neuer – J. Boateng, Mertesacker, Hummels, Höwedes – Lahm – Schweinsteiger (ab 76. Götze), T. Kroos – Özil (ab 89. Schürrle), Podolski (ab 46. Klose) – T. Müller

Tore: 0:1 T.Müller (55:)

Gelbe Karten: Gonzalez, Beckerman – Höwedes

Verbandsarbeit bei der WM 2014.

Auch bei diesem taktischen Foul gab es keine Karte.

#PORGHA

Beim Aufeinandertreffen von Portugal und Ghana mussten zunächst beide Teams auf Schützenhilfe der deutschen Nationalelf hoffen, denn bei Punkten für die USA ist höchstwahrscheinlich ein eigener Sieg nur wenig wert.
Bevor das Spiel also wirklich spannend wird, bleibt genügend Zeit, um über die Spielerfrisuren herzuziehen.

Zur nächsten WM reise ich wahrscheinlich als Friseur und nicht als Journalist. Bessere Verdienstmöglichkeiten. #PorGha
@Finn_Clausen

Die Portugiesen kommen deutlich besser in die Partie, können aber die Überlegenheit nicht wirklich in Tore ummünzen. Mit ein bisschen Hilfe der Ghanaer gehen sie wenigstens mit 1:0 in die Pause.

Der Spieler von dem das Geldbündel-Kuss-Foto durchs Netz kursiert, schoss das Eigentor? Aha.
#boye #PORGHA
@ColliniSue

Nach dem Seitenwechsel gelingen Ghana deutlich mehr Aktionen nach vorne. Gerade der Kapitän Gyan sorgt für reichlich Unruhe und trifft dementsprechend nach 57 Minuten auch zum Ausgleich.
Die folgende Drangphase der Ghanaer wird letztlich aber zehn Minuten vor Schluss von Cristiano Ronaldo jäh beendet.

10 Minuten vor seinem Abschied von der WM schießt Weltfußballer Ronaldo noch mal gerade Ghana aus dem Turnier. #wm2014

#PORGHA
@TweetkickDE

Das Tor der Portugiesen #POR gerade lohnt sich nachzusehen – hoher Slapstick-Faktor in der Abwehr von #GHA
@andreasblock

Da weder die Portugiesen noch die Deutschen hoch gewinnen durften, fährt mit Portugal trotz des Abschlusssieges nun ein weiteres europäisches Top-Team heim.

#WM-Wunder. #Ronaldo trifft. #WM-Realität: #Ronaldo fliegt nach Hause. #WM2014 #POR
@ProSieben

#POR (3) Zu viele Baustellen im Team, dazu Ronaldo erst heute fit. Enttäuschende Offensive, aber im Endeffekt war's Pepes Dummheit. #wmcheck
@flopumuc

#GHA (3) Vom Potenzial her beste Afrikaner, durch interne Kaspereien selbst ins Knie geschossen. So war's ein blamabler Auftritt. #wmcheck
@flopumuc

Portugal 2:1 Ghana

Aufstellung Portugal: Beto (ab 89. Eduardo) – Joao Pereira (ab 61. Varela), Pepe, Bruno Alves, Miguel Veloso – William Carvalho – Joao Moutinho, Ruben Amorim – Nani, Cristiano Ronaldo – Eder (ab 69. Vieirinha)

Aufstellung Ghana: Dauda – Afful, Boye, Jonathan Mensah, Asamoah – Rabiu (ab 76. Acquah), Agyemang Badu – Atsu, A. Ayew (ab 81. Wakaso) – Waris (ab 71. J. Ayew), Gyan

Tore: 1:0 Boye (31., Eigentor), 1:1 Gyan (57.), 2:1 Cristiano Ronaldo (80.)

Gelbe Karten: Joao Moutinho – Afful, Waris, J. Ayew

#ALGRUS

Der letzte Vorrundenspieltag birgt noch einmal ein richtiges Endspiel. Auch wenn Südkorea noch theoretisch eingreifen kann, wird der zweite Achtelfinalplatz in Gruppe H zwischen Algerien und Russland ausgespielt.

Die Russen erwischen gleich einen fabelhaften Start und gehen nach sechs Minuten mit 0:1 in Führung. Das Tor bringt Russland zum Rückzug und lässt die erste Hälfte sehr abflachen.

Das Spiel in der Kurzzusammenfassung so far: Erst kam Kokorin, dann viel Kokolores. #ALGRUS
@spox

Nach der Pause ändert sich zunächst wenig an der Konstellation, bis dann plötzlich doch ein Tor fällt. Akinfeev taucht unter einer Ecke durch, wodurch Slimani zum Ausgleich einköpfen kann. Für ein wenig Diskussion sorgt dabei ein Laserpointer, mit dem algerische Fans dem Torhüter zuvor in die Augen geleuchtet haben.

Was wird Herr Kahn nachher sagen!?
„Wenn der Torwart rauskommt, muss er ihn haben!"
#ALGRUS #WM2014
@SPORT1

Sollte Russland ausscheiden, ist der Laserpointer schuld. Schießen sie noch eins, wird es keinen interessieren. #ALGRUS #WM2014
@spreepoet

Russland braucht jetzt dringend einen Treffer, aber schafft es nicht mehr wirklich, auf Offensivfußball umzuschalten.

Eine kleine Premiere gibt es dann noch in der Nachspielzeit, bevor der Schiedsrichter abpfeift und Algerien erstmals in der K.O.-Runde steht.

Auch was Neues bei dieser #WM2014. Ein Spieler von #ALG, der gar nicht mitspielt, bekommt eine Gelbe Karte, weil er gegen #RUS verzögert :)
@2ndKauBoy

Kleiner Trost für die Russen: Für die nächste WM sind sie schon qualifiziert. #wm2018 #algrus
@WolfLorenz

#ALG (3) Nach Leistung gegen #KOR keine Überraschung. Viel Laufarbeit, viel Herz im Eins-gegen-Eins, gute Standards. Reichte. #wmcheck
@flopumuc

#RUS Blutleer, uninspiriert, tot-capellot. Schwächen seines Schema-fußballs lagen offen, Stärken verborgen. Viel Arbeit bis 2018. #wm-check
@flopumuc

Algerien 1:1 Russland

Aufstellung Algerien: M'Bohli – Mandi, Belkalem, Halliche, Mesbah – Medjani, Bentaleb – Feghouli, Brahimi (ab 71. Yebda), Djabou (ab 77. Ghilas) – Slimani (ab 90.+1 Soudani)

Aufstellung Russland: Akinfeev – Kozlov, Ignashevich, V. Berezutskiy, D. Kombarov – Glushakov (ab 46. Denisov), Fayzulin – Samedov, Shatov (ab 67. Dzagoev) – Kokorin – Kerzhakov (ab 81. Kanunnikov)

Tore: 0:1 Kokorin (6.), 1:1 Slimani (60.)

Gelbe Karten: Mesbah, Ghilas, Cadamuro – D. Kombarov, Kozlov

#KORBEL

Eine komplette Halbzeit kämpft Südkorea gegen eine belgische B-Elf um den Sieg und die Ehrenrettung des asiatischen Fußballs – bisher konnten alle AFC-Teams zusammen nur drei Punkte ergattern.

Belgien zieht sich stark zurück und interessiert sich kaum, das Spiel voranzubringen. Nur die Rote Karte für Defour bringt etwas Bewegung in das Spiel.

Daher also rote Teufel. #defour #KORBEL
@Duchateau

Defour geht mit gestrecktem Bein in den Gegner und tritt auch noch nach. Was für ein Ochse. Bärendienst für Wilmots. #KORBEL
@Duchateau

Auch die Überzahl in den zweiten 45 Minuten kann Korea nicht nutzen – gegen sich schonende Belgier sehen die Asiaten weiterhin kein Land.

Zur Erinnerung: #BEL ist nur zu zehnt und #KOR hat theoretisch noch Chancen auf ein Weiterkommen. Merkt man beides nicht so richtig. #korbel
@sportschau

Mit dem Treffer von Vertonghen in der 78. Minute werden die Achtelfinal-Ambitionen endgültig begraben und Belgien maschiert mit späten Toren und drei Siegen durch die Vorrunde.

Drei Spiele, drei Siege – so beendet Belgien wohl die Vorrunde. Vertonghen trifft in der 78. Minute zum 1:0. #KORBEL #WM2014

@DerWestenSport

Hm ... jetzt ist der „Geheimfavorit", der dann doch kein Favorit war Gruppenerster. Wie ordnet man das denn ein? #wm2014 #korbel #kor #bel
@Stephan535

Belgien enttäuscht mich spielerisch. Aber: Haben immer eine starke Phase und machen das Tor. Auch eine Qualität. #WM2014 #KORBEL
@Meltzinho

Südkorea 0:1 Belgien

Aufstellung Südkorea: S.-G. Kim – Y. Lee, Hong, Y.-G. Kim, S.-Y. Yun – K.-Y. Han (ab 46. K.-H. Lee), S.-Y. Ki – Koo – C.-Y. Lee, Son (ab 74. Ji) – S.-W. Kim (ab 67. B.-K. Kim)

Aufstellung Belgien: Courtois – Vanden Borre, van Buyten, Lombaerts, Vertonghen – Defour, Dembelé – Fellaini – Mertens (ab 60. Origi), Januzaj (ab 60. Chadli) – Mirallas (ab 87. Hazard)

Tor: 0:1 Vertonghen (78.)

Gelbe Karten: Hong – Dembelé

Rote Karte: Defour (45.)

148

DAS ACHTELFINALE

*Die Kollegin, die bei unserem WM-Tippspiel weit vorne liegt, fragt
mich, ob Brasilien schon mal Weltmeister war.*
*@_armarius_*

*Status: So unfassbar froh, keinem einzigen Tippspiel beigetreten zu
sein. #wm2014*
@dennishorn

*Was ich an dieser #WM besonders liebe: Sie verleiht meinem Leben
Struktur. #WM2014*
@MickyBeisenherz

#BRACHI

Die K.O.-Runde bricht an, und bereits mit den Nationalhymnen liefern sich Brasilien und Chile das erste Duell. Beide Länder singen traditionell nach der eingespielten Hymne noch die zweite Strophe lautstark mit – als die Chilenen vom brasilianischen Publikum dafür gnadenlos ausgepfiffen werden, ist gleich Feuer in der Partie.

Was ist die Definition von #Respektlosigkeit? Als Gastgeberland bei der #Nationalhymne des Gegners zu buhen! #WM2014 #BRACHI #WC2014
@KillerPenny

Die angespannte Stimmung überträgt sich 1:1 und sorgt für ein von beiden Seiten hart geführtes Spiel. Ziel der meisten chilenischen Attacken ist dabei Neymar.

Neuer Hashtag für das Spiel: #BRACHIAL
@Sportkultur

Chiles Taktik ist simpel: Neymar auseinandernehmen und eventuell später ein, zwei Tore schießen. #BRACHI
@bestofbelarethy

Ich frag mich immer: Setzen die sich in der Kabine hin und sagen sich „Heute hauen wir dem Neymar auf die Knochen?" Oder ergibt sich das?
@TobiasEscher

Nach einer Thiago-Silva-Flanke werden die Offensivbemühungen der Brasilianer schon in der 18. Minute durch ein Eigentor von Jara belohnt.

Eigentor durch (Kurt) Jara. Typisch HSV. #BRACHI
@siegstyle

Auch nach dem Treffer ist zunächst Brasilien am Drücker, bis die Chilenen sie in der 32. Minute nach einer Unaufmerksamkeit schocken.

Aus dem Nichts: #chi fängt einen #bra-Einwurf (!!!) ab, und Sanchez macht den Ausgleich. Verrückter Fußball. #brachi
@Rafanelli

Mit dem Nervenflattern der beiden Abwehrreihen könnte man derzeit ein Windkraftwerk betreiben. #brachi
@GNetzer

Jetzt wird die Partie von beiden Seiten noch ein Stück intensiver, und bis zum Pausenpfiff kommt es noch zu mehreren Großchancen – verwandelt wird allerdings keine mehr.

Pause! 1:1 nach sechs Runden.
@DerWestenSport

Wow, die gefühlt kürzeste Halbzeit der WM bisher.
@drevoigt

Ganz famoser Kick. Wenn das die Blaupause für das Achtelfinale und das weitere Turnier ist, dann habe ich Angst um meine Nerven. #brachi
@senSATZionell

Das Spiel ist so intensiv, dass ich schon auf dem Sofa Muskelkater, Seitenstechen und blaue Flecken bekomme. #BRACHI
@Garpswelt

Nicht nur die Spannung des Spiels ist einmalig – tatsächlich kommt es auch bei dieser Weltmeisterschaft noch einmal dazu, dass der Schiedsrichter gelobt wird. Howard Webb pfeift die aufgeitze Partie souverän und erkennt in der 55. Minute korrekterweise einen Treffer von Hulk ab.

Mit den Eiern von Howard Webb könnte man Diamanten pressen.
#wow #BRACHI
@GNetzer

Webb macht heute vieles wieder gut, was seine Kollegen da bisher im Turnier verbockt haben. #BRACHI
@BenniZander

Jo wurde eingewechselt und nimmt seine Rolle als Fred sehr ernst!
#BRACHI
@Nachgedenkt

Können nicht beide weiterkommen und Costa Rica – Griechenland fällt aus? #BRACHI
@hellojed

Ansonsten ist die zweite Halbzeit deutlich ruhiger, und beide Mannschaften versuchen klar mit ihren Reserven hauszuhalten. Dementsprechend geht es dann auch in die Verlängerung, in der die kämpferischen Szenen weiter die Oberhand behalten – so beispielsweise von Jo, der in der 92. Minute mit gestrecktem Bein Torhüter Bravo entgegenspringt.

Webb zieht Kung-Fu-Kicks einfach an #BRACHI #jo #ndj
@Duchateau

Nigel de Jo.
@derhuge

Wie viel Feuer und Leidenschaft im Spiel steckt, zeigt Gary Medel. Der Verteidiger kämpft bis zur letzten Sekunde, ist am ganzen Körper getapt und wird in der 108. Minute heulend vom Platz getragen, als er einfach nicht mehr laufen kann.

Unter uns: Medel wurde jetzt nur ausgewechselt, weil Chile kein Tape mehr hatte. #BRACHI
@fehlpass

Der verletzte #Medel weint, weil er nicht weiter für sein Land spielen kann. Schönen Gruß an alle, die für ihre Prämie streiken. #BRACHI
@Der12teMann

Kurz bevor die Teams zum Elfmeterschießen zusammenkommen, sorgt Pinilla noch für einen letzten Schreckmoment, als er in der 120. Minute den Ball mit voller Wucht an die Latte schießt.

Kollektiver Herzstillstand für mehrere Sekunden in ganz Brasilien. #brachi #wm2014
@Steelfrage

Passend zum Rest der Partie lässt sich das erste Elfmeterschießen dieser Weltmeisterschaft im Drama kaum überbieten. Sowohl Julio Cesar als auch Claudio Bravo halten zwei Elfmeter, bevor Jara den entscheidenden Strafstoß an den Innenpfosten setzt.

Eine #Elfmeter-WM wäre auch mal ganz geil. #BRACHI
@anredo

So als Eigentorschütze den letzten Elfer im Elfmeterschießen an den Innenpfosten zu nageln – der Tag ist für dich gelaufen.
@dogfood

Nach den FIFA-Flöten von Matthias Opdenhövel erfindet auch sein Moderationspartner Mehmet Scholl als Zusammenfassung dieses atemberaubend spannenden Spiels ein neues Kultwort: die Gänsehautentzündung!

Trending:
#Gänsehautentzündung.
#BRACHI #WM2014
@sportschau

Die vielleicht beste Zusammenfassung des Spiels liefern aber die Twitter-Trends wenige Minuten nach dem Abpfiff:

1. #BRACHI, 2. Gänsehautentzündung, 3. Elfmeterschiessen, 4. #Webb, 5. Howard Webb, 6. #Hulk, 7. Abneymar, 8. #mehmetscholl, 9. #Medel, 10. Was für ein Spiel

---

Brasilien 4:3 Chile (n.E.)

Aufstellung Brasilien: Julio Cesar – Dani Alves, Thiago Silva, David Luiz, Marcelo – Luiz Gustavo – Fernandinho (ab 72. Ramires) – Oscar (ab 106. Willian), Neymar, Hulk – Fred (ab 64. Jo)

Aufstellung Chile: Bravo – Silva, Medel (ab 108. Rojas), Jara – Isla, Mena – Aranguiz, Diaz – Vidal (ab 87. Pinilla) – A. Sanchez, E. Vargas (ab 57. Gutierrez)

Tore: 1:0 Jara (18., Eigentor), 1:1 A. Sanchez (32.)

Gelbe Karten: Hulk, Luiz Gustavo, Jo, Dani Alves – Mena, Silva, Pinilla

Elfmeterschießen: 1:0 David Luiz trifft; Julio Cesar hält bei Pinilla; Willian verschießt; Julio Cesar hält bei Sanchez; 2:0 Marcelo trifft; 2:1 Aranguiz trifft, Bravo hält bei Hulk; 2:2 Diaz trifft; 3:2 Neymar trifft; Jara verschießt

---

#COLURU

Nach dem Spektakel zwischen Brasilien und Chile lassen es die anderen beiden südamerikanischen Teams am Abend ruhiger angehen. Die erste halbe Stunde plätschert zunächst etwas vor sich hin.

Fast alle Uruguayer sind seit Südafrika vier Jahre älter geworden. Finde, ihr solltet das wissen. #coluru
@heinrichheute

Woran erkennt man, dass das Spiel nicht soooo mitreißend ist!? Es geht mal wieder eine La Ola durchs Stadion.
#COLURU #WM2014
@SPORT1

Liebes #COL. Sei doch so lieb und mach' ein bisschen schneller. Ich beabsichtige, in Kürze vor dem Fernseher einzuschlafen. Deine M. #COLURU
@Mellcolm

Wenn Steffen Simon auf Helge Schneider verweist, dann weiß man: das Spiel kann nix.
@DerWestenSport

28 Minuten sind gespielt, als James Rodriguez die Zuschauer aber doch aus dem dämmernden Halbschlaf reißt. Traumhaft nimmt er einen Kopfball von Aguilar mit der Brust an und zimmert ihn aus 20 Metern mit voller Wucht unter die Latte.

Ein Chammer!
@stadioncheck

Das sind die 3 cm, die Chile eben noch gefehlt haben. So hart kann Fußball sein. #COLURU
@spox

The same procedure as last game, Miss Sophie? – The same procedure as EVERY game, James! #coluru
@ktschk

Auch wenn man in Monaco mit Geld um sich wirft: Die haben schon einen Grund gesehen, um die 45 Mio € an Porto zu zahlen. #James #COLURU
@fehlpass

Uruguay ist nun gefordert, ihnen fehlt aber sichtlich ihr Goalgetter Suarez. Als sie nach dem Seitenwechsel mit neuem Schwung die große Offensive starten wollen, werden sie aber sofort wieder kalt erwischt. Wieder trifft James Rodriguez, der dieses Mal einen großartigen Spielzug der Kolumbianer verwerten kann.

Überlege die ganze Zeit:
Gab es bei der WM einen schöneren Angriff als den zum 2-0? #COLURU
@ColliniSue

Der Gewinner der #WM2014 steht bereits fest:
Der Berater von James.
#COLURU #URU
@MickyBeisenherz

Im Rest des Spiels versucht Uruguay zwar viel, erreicht aber kaum mehr, als einige halbgefährliche Distanzschüsse – die zweimaligen Weltmeister sind somit ausgeschieden, und Kolumbien darf sich in der nächsten Runde mit dem Gastgeber messen.

Die #Suarez-Witze sind aber echt so langsam alle durchgekaut, oder? #COLURU #WM2014
@Flo_Reis

Als Uruguay nach dem letzten Spiel noch sagte: „Wir haben doch nichts getan!", und es heute einfach stimmt #coluru
@IchBinJazz

Kolumbien 2:0 Uruguay

Aufstellung Kolumbien: Ospina – Zuniga, C. Zapata, Yepes, Armero – Aguilar, C. Sanchez – Cuadrado (ab 81. Guarin), James Rodriguez (ab 85. Ramos) – Gutierrez (ab 68. Mejia), Jackson

Aufstellung Uruguay: Muslera – Maxi Pereira, Gimenez, Godin, M. Caceres, Alvaro Pereira (ab 53. Ramirez) – Arevalo Rios – Alv. Gonzalez (ab 67. Hernandez), C. Rodriguez – Forlan (ab 53. Stuani), Cavani

Tore: 1:0 James Rodriguez (28.), 2:0 James Rodriguez (50.)

Gelbe Karten: Armero – Gimenez, Lugano

#NEDMEX

Fünf Turniere in Folge konnten die Mexikaner nun das Achtelfinale erreichen und immer wieder sind sie dann an dieser Hürde gescheitert. Mit den Niederlanden stehen sie wieder vor einem schweren Brocken, den sie in der ersten Halbzeit aber sehr gut in Schach halten können – vielleicht vertragen sie die brennende Hitze einfach besser.

In der Zeit, in der #MEX überlegt, aufs Tor zu schießen, hab' sogar ich einen Monsterbausatz #LEGO Technik zusammengeschraubt. #NEDMEX
@MarionTreu

Das Spiel besitzt bislang den Unterhaltungswert eines ARTE-Themenabends ‚Zwölftonmusik in der Mongolei'. #NEDMEX
@voegi79

Die Taktik ist doch wohl: Möglichst wenig bewegen, um die Tore dann auch ohne Bewegung beim Elfmeter zu machen. Oder? #hitze #NEDMEX
@fiene

Viel spannender als das schleppende Spieltempo sind im ersten Durchgang die vom Schiedsrichter angeordneten Trinkpausen.

Spätestens bei der nächsten WM: „Die #CoolingBreak wird präsentiert von Coca Cola."
@GNetzer

„Cooling Break" ist im Moment weltweiter Twitter-Trend Nummer 1. Das fasst die Highlights der 1. Hälfte gut zusammen. #NEDMEX

Kurz vor dem Pausenpfiff dann noch ein kleiner Aufreger. Arjen Robben wird im Strafraum von Marquez und Moreno in die Zange genommen und hätte durchaus einen Elfmeter verdient gehabt.

Der Arjen hat so oft abgehoben, da sieht es der Unparteiische schon gar nicht mehr, wenn er wirklich umgestoßen wird. Donnerwetter. #NEDMEX
@TuT_Parody

Wer ständig schwalbt, dem glaubt man nicht. Auch wenn er sich die Haxen bricht. #nedmex #robben
@Loehrzeichen

Die zweite Halbzeit beginnt gleich mit einem kleinen Schock für die Niederländer. Aus knapp 20 Metern zieht Giovani dos Santos einfach einmal ab und trifft mit voller Wucht ins rechte Eck.

Ich sehe es kommen: Die einzige europäische Mannschaft im Viertelfinale ist #GRE. Und die EU löst sich auf. #NEDMEX
@voegi79

Die Europäer sind nun im Zugzwang und geben offensiv deutlich mehr Gas. Die Mexikaner können sich aber absolut auf ihren Keeper Ochoa verlassen, der wieder einmal ein unglaubliches Spiel macht.

Und alle Holländer so: „Och, oa – wieder nicht drin!" #ochoa #nedmex #wm2014
@Sportschau

+++ EIL +++
Neuaufnahme im Brockhaus:
Ochoa, Guillermo: Mexikanischer Torhüter! Alles Weitere unter
dem Begriff Krake.
#WM2014 #NEDMEX
@9zehn100_8und70

Wir wollen denselben Zaubertrank, den #Ochoa getrunken hat!
#dieMauer #NEDMEX #WM2014
@ZDFsport

#Ochoa macht seinem Trainer #Herrera ernsthaft Konkurrenz, wer
der geilste Typ der #WM2014 ist. Phänomenal, was der für Reflexe
hat! #nedmex
@Matthias_aus_Do

Als Mexiko schon fast das Ticket in die nächste Runde gelöst hat, schlagen die Niederländer doch nochmals zu. In der 88. Minute schlägt Sneijder ein Kopfballzuspiel von Huntelaar mit voller Wucht in die Maschen.

Der Schuss war maßgesnejdert. #nedmex #wm2014
@emtege

Die Niederlande rettet sich jetzt aber nicht in die Verlängerung – sie entscheidet das Spiel in den wenigen verbleibenden Minuten. Robben wird von Marquez im Strafraum getroffen, hebt artistisch ab und bekommt den Strafstoß. In der vierten Minute der Nachspielzeit verwandelt Huntelaar diesen Strafstoß und bringt sein Team in die nächste Runde.

Lange hat er dafür gearbeitet: Arjen Robben bekommt seinen Elfmeter. #nedmex
@spox

Den Elfmeter kann man so geben. Aber Robben wollte absolut NICHTS anderes als dieses Foul. Marquez tat ihm den Gefallen. #NEDMEX
@flopumuc

Das war übrigens das vierte Joker-Tor des Turniers für #ned. LvG hat's echt „im goldenen Willi". #nedmex
@Rafanelli

Mr. 100 %: Klaas-Jan Huntelaar gab bei WMs bislang 2 Torschüsse ab, beide drin (zuvor bei der WM 2010 gegen Kamerun). #ned #nedmex #wm2014
@sportschau

Niederlande 2:1 Mexiko

Aufstellung Niederlande: Cillessen – de Vrij, Vlaar, Blind – Verhaegh (ab 56. Depay), Wijnaldum, de Jong (ab 9. Martins Indi), Kuijt – Sneijder – Robben, van Persie (ab 76. Huntelaar)

Aufstellung Mexiko: Ochoa – Maza, Marquez, Moreno (ab 46. Reyes) – Aguilar, Layun – Salcido – Herrera, Guardado – G. dos Santos (ab 61. Aquino), Peralta (ab 75. Hernandez)

Tore: 0:1 G. dos Santos (48.), 1:1 Sneijder (88.), 2:1 Huntelaar (90.+4, Foulelfmeter)

Gelbe Karten: – Aguilar, Marquez, Guardado

#CRCGRE

Costa Rica und Griechenland haben noch keine Minute gespielt, da wird diese Paarung mit Häme übersäht. Von den
aufeinandertreffenden Teams klingt es sicher nicht direkt
nach fußballerischer Hochkultur, was sich schon beim Anstoß ansatzweise bestätigt.

Anstoß verkackt. Na prima. #CRCGRE #Leckerbissen
@flopumuc

Gerade die erste Halbzeit der Partie kommt ohne größere
Höhepunkte daher. Man könnte fast sagen, dass sich Langeweile unter den Zuschauern breit macht.

Jedes Spiel will betweetet werden. Aber dazu fällt mir nix ein.
#CRCGRE
@kemperboyd

#CRCGRE ist nach einer Viertelstunde auf dem besten Weg, das
#IRNNIG der Achtelfinals zu werden ...
#CRC #GRE @sportschau #WM
@SpielSatzTor

Zwei andere Teams würden dem Spiel guttun. #CRCGRE #WM2014
@c_stra

Das is' so 'n Spiel, bei dem du nicht mal davon ausgehen kannst, dass
einer beim Elfmeterschießen trifft. #CRCGRE
@me_BO

Ich bin für den Außenseiter – nur welchen? #CRCGRE
@siegstyle

Für Spiele wie #CRCGRE ist Twitter mehr der First- als der Second Screen ...
@sunny2k1

Was viele nicht wissen: #crcgre ist Gälisch für „Diese 2 Stunden kriegt ihr nie wieder!".
@GNetzer

Gänsehautlähmung
#CRCGRE
@RalphVoss

Als Bryan Ruiz, Kapitän von Costa Rica, allerdings in der 52. Minute trifft, beginnt das Spiel deutlich ereignisreicher zu werden.

Der Ball kullert mit einer Dynamik ins Tor, die dem bisherigen Spielverlauf entspricht. #CRCGRE #WM2014
@DF_Chris

Drei Minuten später übersieht der Schiedsrichter Ben Williams ein Handspiel im griechischen Strafraum und pfeift daher nicht den fälligen Elfmeter für Costa Rica.

Handspiel von Torosidis. Kein Strafstoß. Kennste, kennste ... #crcgre
#wm2014
@sportschau

Nachdem die Mittelamerikaner in dieser Szene großes Pech haben, bekommen sie zehn Minuten später eine weitere Hypothek aufgebürdet. Duarte geht zu hart in einen Zweikampf, sieht völlig zu Recht die Gelbe Karte und fliegt mit Gelb-Rot vom Platz.

Von jetzt an kämpft Costa Rica lange Zeit gegen drückende Griechen um die knappe Führung. Erst in der Nachspielzeit schafft Griechenland durch den Dortmunder Sokratis den Ausgleich.

Die nun anstehende Verlängerung ist für Costa Rica ein absoluter Härtetest. In Unterzahl gehen sie absolut auf dem Zahnfleisch und versuchen sich irgendwie über die Zeit zu retten. Der Sprung ins Elfmeterschießen ist dabei vor allen Dingen Keylor Navas zu verdanken, der abermals eine herausragende Partie macht.

Im Elfmeterschießen überraschen die Costa Ricaner dann aber wieder. Fast alle Strafstöße sind hervorragend geschossen, und als Keylor Navas den Elfmeter von Theofanis Gekas hält, ist klar, dass sie es geschafft haben. Zum ersten Mal in der Verbandsgeschichte stehen sie unter den acht besten Mannschaften der Welt.

Krass, dass #CRC nach diesem Fight noch solche Elfer schießen konnte. Keine Kraft mehr, trotzdem noch so konzentriert.
@fetzi6

Aber die Griechen sind faire Verlierer: Sie haben den Costa-Rica-nern sogar ein Holzpferd als Anerkennung in ihre Kabine gestellt.
#CRCGRE
@phil_aich

Costa Rica 6:4 Griechenland (n.E.)

Aufstellung Costa Rica: Navas – Gamboa (ab 77. Acosta), Duarte, Gonzalez, Umana, Junior Diaz – Tejeda (ab 66. Cubero), Borges – Ruiz, Bolanos (ab 84. Brenes) – J. Campbell

Aufstellung Griechenland: Karnezis – Torosidis, Manolas, Sokratis, Holebas – Karagounis, Maniatis (ab 78. Katsouranis), Samaris (ab 58. Mitroglou) – Salpingidis (ab 69. Gekas), Christodoulopoulos – Samaras

Tore: 1:0 Ruiz (52.), 1:1 Sokratis (90.+1)

Gelbe Karten: Tejeda, Granados, Ruiz, Navas – Samaris, Manolas

Gelb-Rote Karte: Duarte (66.)

Elfmeterschießen: 1:0 Borges trifft; 1:1 Mitroglou trifft; 2:1 Ruiz trifft; 2:2 Chris-todoulopoulos trifft; 3:2 Gonzalez trifft; 3:3 Holebas trifft; 4:3 J. Campbell trifft; Navas hält bei Gekas; 5:3 Umana trifft

---

#FRANGA

Spätestens nach dem 5:2 gegen die Schweiz stieg Frankreich in den Kreis der Titelfavoriten auf, sodass ein Sieg gegen Nigeria nur noch eine Frage der Höhe sein sollte – ginge es nach den Fans.
In der Achtelfinalpartie merkt man von dieser theoretischen Überlegenheit aber wenig, denn beiden Mannschaften gelingt im ersten Durchgang nicht viel.

Durchaus unterhaltsam – für so ein Vorprogramm zum Elfmeterschießen. #FRANGA
@spox

Ball vertändelt, Fehlpass, Aus. Die beiden Teams haben gestern wohl zu viel Costa Rica – Griechenland geschaut. #WM2014 #FRANIG
@uwolf67

Der heutige „Spaß mit WM-Hashtags" wird Ihnen präsentiert von #FRANGA Potente.
@Mett_Salat

Irgendwann wird ein Nigerianer an einem Franzosen einfach vorbeilaufen, ins Tor schießen und lachen: Ha ha, Trikot-Tarnfarbe. #wmaut #franig
@GeraldGossmann

Und Nigeria tut gerade vieles für die dritte Edition von „Nach großem Kampf unglücklich gegen die Favoriten ausgeschieden".
@hirngabel

Habe die Sorge, dass Nigeria das Spiel durch einen Abwehrbock in den letzten 10 Minuten verliert. #FRANGA

Die zweite Halbzeit beginnt wieder ohne hochwertigen Fußball, dafür aber mit einer sehr unschönen Szene. Matuidi tritt Onazi auf den Knöchel, sieht für dieses brutale Foul aber nur eine Verwarnung.

Matuidi darf froh sein, dass die FIFA bislang auf die Einführung der Platzverweistechnologie verzichtet hat. #FRANGA
@spox

Das war übrigens die zweite Rote, die Frankreich nicht bekommen hat. Nigeria bekommt dafür keine Elfer und Tore zugesprochen. Fair. #FRANGA
@schaffertom

Wenn man das Spiel nur hört, denkt man, echt geiles Spiel. Sieht man es dann, will man weglaufen. Für euch eben getestet. #FRAN-GA #WM2014
@BlueButterflyMK

Auch nach diesem Foul gewinnt das Spiel kaum an Niveau – vielmehr häufen sich langsam die Fouls der Franzosen, die der Schiedsrichter mit seiner großzügigen Linie aber nicht bestraft.

Die Franzosen treten sehr geschlossen ... #FRANGA
@Schisslaweng

Ob #FRA wohl noch merkt, dass sie ihre Ultimate-Fighting-Truppe zum falschen Wettbewerb geschickt haben? #FRANGA
@Ghost_7

Erst in der letzten Viertelstunde drängen die Franzosen stärker aufs Tor und werden auch prompt belohnt. Pogba trifft in der 79. zur Führung, die in der Nachspielzeit dann noch von einem Eigentor des Nigerianers Yobo untermauert wird.

Der arme Enyeama! Riesenspiel bis dato und dann macht der #NGA-Keeper den Fehler vor Pogbas Tor. Quasi Vorlage vom Keeper. #FRANGA
@SPORT1

#FRA reichen ein paar brutale Tritte und starke 15 Minuten, um ins Viertelfinale einzuziehen. Na ja ... #FRANGA
@SPORT1

Gott sei Dank keine Verlängerung. Im schlimmsten Falle hätten wir das Packen der Kulturtaschen der DFB-Elf verpasst. #FRANGA
@rammc

Frankreich 2:0 Nigeria

Aufstellung Frankreich: Lloris – Debuchy, Varane, Koscielny, Evra – Cabaye – Pogba, Matuidi – Valbuena (ab 90.+4 Sissoko), Giroud (ab 62. Griezmann), Benzema

Aufstellung Nigeria: Enyeama – Ambrose, Yobo, Omeruo, Oshaniwa – Onazi (ab 59. Gabriel), Mikel – Moses (ab 89. Nwofor), Musa – Odemwingie – Emenike

Tore: 1:0 Pogba (79.), 2:0 Yobo (90.+1, Eigentor)

Gelbe Karte: Matuidi -

#GERALG

Auch im zweiten Spiel des Tages kann der Außenseiter den Favoriten gehörig ärgern. Während die Fans in Algerien den vermeintlich einfachsten Achtelfinalgegner sehen, kommt die deutsche Nationalmannschaft sichtlich ins Schwimmen.

Algerien spielt überlegen. Deutschland überlegt wenig. #GERALG
@Mellcolm

Habt ihr die WM nicht verstanden? Das Team, das zu Beginn besser ist, verliert. Also, easy.
#geralg
@jimmyrocca

Deutschland wird zum Geheimfavoriten herabgestuft. #GERALG
@guek62

Ihr kennt das noch: Gruppenarbeit in der Schule in einer Vierer-gruppe mit drei Vollpfosten? So fühlt sich Per Mertesacker gerade.
#GERALG
@S666HB

Schlechteste deutsche WM-halbe-Stunde seit Kroatien 1998.
@Peter_Ahrens

Dass Deutschland in dieser schwachen Phase kein Tor kassiert, liegt vor allen Dingen an Manuel Neuer. Der Welttorhüter macht ein überragendes Spiel und fällt durch zahlreiche riskante Ausflüge aus dem Strafraum auf.

Neuer, einer der durchgeknalltesten Außenverteidiger der Welt.
#GERALG

@C_Holler

Defensiv spielt Neuer schon wie ein Libero, wann aber auch offensiv? Wann spielt Neuer endlich als aufkippender Torwart? Der kann das.
@ReneMaric

Weidenfeller rein und Neuer in die Abwehr? #GERALG of
@zeitonlinesport

Hin und wieder verlässt Manuel Neuer kurz das Stadion.
@silvereisen

Wenn #Neuer noch weiter rausrennt, kann er sich auch fix 'ne Bratwurst holen. #GER #GERALG #WM2014
@NichtTomJones

Schön, dass Deutschland die gute, alte „Letzter Mann ist Torwart. Wir spielen mit Fliegendem!"-Tradition wiederaufleben lässt.
@sechsdreinuller

Zur Halbzeitpause fällt das Fazit vieler Fans verheerend aus – dieses Team hat, trotz des 0:0, in 45 Minuten jegliche Chancen und jegliches Anrecht auf den WM-Titel verspielt.

Was wir brauchen: Außenverteidiger. Mittelfeld. Ideen. Fußball.
#GERALG
@itstheicebird

Wollte Jogi nicht 4-3-3 spielen? Das sieht eher wie eine Mischung aus 4711 und 08/15 aus. #GER #GERALG
@spox

Halbzeitfazit: Neuer als falscher Fünfer, die anderen zehn als falsche Fuffziger. #GERALG
@flopumuc

Willkommen bei „Verstehen Sie Spaß?".
Die 2. Halbzeit ist nun das echte Spiel aus Brasilien. \o/ #GERALG
@Michael_Musto

In der zweiten Halbzeit startet die deutsche Nationalelf zwar
sicherer, immer wieder steht dennoch Manuel Neuer im Mittelpunkt der Partie. Am Rest der Mannschaft wird kein gutes
Haar gelassen.

Alles im grünen Bereich, Leute. Spätestens im Elfmeterschießen
macht Neuer das klar. Schießt ersten selbst, hält danach alle. #GE-
RALG
@breitnigge

Auf einer Skala von 1 bis Manuel Neuer, wie weit würden Sie gehen?
@waldschratpower

Manuel Neuer hat nicht gut gehalten, er hat herausragend vertei-
digt! #WM2014 #GERALG #GER #aneurerseite
@CMetzelder

Ich habe Angst vor all den Manuel-Neuer-Chuck-Norris-Witzen
morgen. #wm2014 #geralg
@dennishorn

Nutzt ja auch nix, wenn sich Manuel Neuer für das Viertelfinale
qualifiziert und der Rest abreisen muss. #GERALG #WM2014 #srf-
brasil
@BakelWalden

Als wäre das nicht genug, verletzt sich in der 70. Minute auch
noch Skhodan Mustafi. Der Verteidiger bleibt im Rasen hängen, verletzt sich und muss ausgewechselt werden. Für ihn ist
das Turnier gelaufen.

Erst ohne Wirkung auf den Gegner.
Dann ohne gegnerische Einwirkung.
#Mustafi #GERALG
@goedcorner

In der Schlussphase der regulären Spielzeit kommt es dann noch zu zwei beispiellosen Symbolbildern für den heutigen Auftritt der Nationalelf. Erst platzt nach einem Schuss von Khedira der Ball, ...

Ball kaputt. Wenn ein Regisseur sich das ausgedacht hätte, würde man ihm das als übertriebenes Symbol auslegen.
@abususu

... bevor ein ungewöhnlicher Freistoßtrick misslingt. Das Stolpern von Thomas Müller soll den Gegner verwirren, der Ball landet aber am Ende einfach in der Mauer.

Dieser Freistoß wurde Ihnen präsentiert von Monty Python. #GE-RALG
@GNetzer

Erst in der Verlängerung kann diese Partie entschieden werden. Zwei Minuten nach dem Wiederanpfiff trifft Schürrle mit der Hacke, und in der 119. trifft auch noch Mesut Özil. Das 2:1 durch Djabou sorgt nur noch kurz für Spannung, kann aber am Viertelfinaleinzug der Deutschen nichts mehr ändern.

#GERALG Schürrle 1:0 (92') hinterm Standbein mit der linken Hacke. Assist Müller mit links. (of)
@zeitonlinesport

#Schürrle macht ein überragendes Spiel. Mit ihm kam frischer Wind in die Partie. Für mich wäre er fürs Viertelfinale gesetzt. #GER #GE-

RALG
@dirk_adam

Özil krönt seine ... äh, macht das 2:0 in der 120. Minute. #GERALG of
@zeitonlinesport

Und Schürrle so: MACH DU IHN, MESUT!!! MACH IHN. #GE-RALG
@DerWestenSport

Fader-Beigeschmack-mäßig hatte das was vom Klassenerhalt des #HSV #GERALG
@Sky_AlexB

#GER seit 1954 immer in den Top 8 der WM. Jede WM. 16 Turniere am Stück.
@flopumuc

Rais ist Man of the Match? Dann ist Neuer aber Master of the Universe. #GER #ALG
@Daniel_Uebber

Die algerischen (und brasilianischen) Fans feiern den Verlierer lauter als die deutschen Fans den Sieger. #geralg
@Matthias_aus_Do

Ein Highlight des Abends liefert dann noch Per Mertesacker, der im Interview mit Boris Büchler seiner Wut freien Lauf lässt.

Bester Zweikampf des Abends: Mertesacker vs Büchler.
@flopumuc

Per Mertesacker ist in bester Jürgen-Klopp-Stimmung. #wm2014 #geralg

173

@dennishorn

*Merte hätte das Interview mit „Freunde der Sonne" beenden sollen.
#GER #WM2014*
@MarcusBlumberg

*Wenn heute ein Text zurückgehen muss: „Kannst du in die Eistonne
treten" #Mertesacker #GERALG*
@goedcorner

Deutschland 2:1 Algerien (n.V.)

*Aufstellung Deutschland: Neuer – Mustafi (ab 70. Khedira), Mertesacker, J.
Boateng, Höwedes – Lahm – Schweinsteiger (ab 109. Kramer), T. Kroos – Özil,
Götze (ab 46. Schürrle) – T. Müller*

*Aufstellung Algerien: M'Bohli – Mandi , Belkalem, Halliche (ab 97. Bougher-
ra), Ghoulam – Mostefa, Lacen – Feghouli, Taider (ab 78. Brahimi), Soudani
(ab 100. Djabou) – Slimani*

Tore: 1:0 Schürrle (92.), 2:0 Özil (119.), 2:1 Djabou (120.+1)

Gelbe Karten: Lahm – Halliche

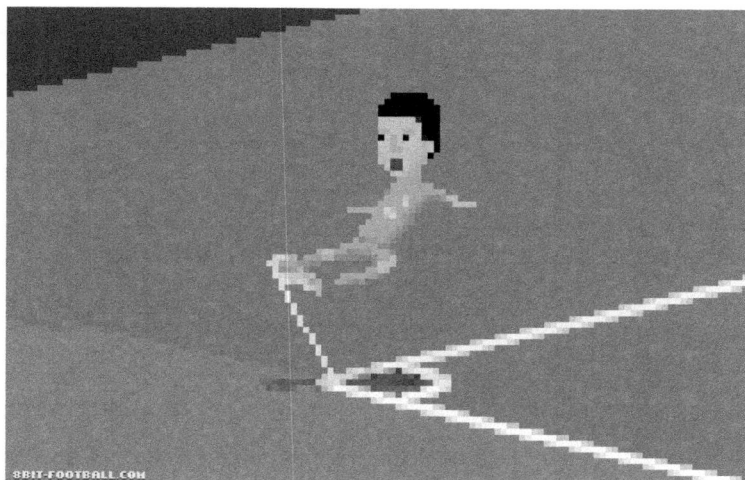

Klaas, der Hunter.

Manu, der Libero.

175

#ARGSUI

Eine disziplinierte Leistung der Schweizer Abwehr hätten nur Wenige nach dem blamablen 2:5 gegen Frankreich für möglich gehalten, aber das kluge Spiel der Nati lässt den drückenden Argentiniern kaum Chancen auf die Führung.

Kaum hat der #Djourou kein HSV-Trikot an, da nimmt er es locker mit ganz Argentinien auf. #ARGSUI
@BenniZander

Wann genau war der Zeitpunkt, an dem alle Nationalmannschaften leistungstechnisch so eng zusammengerückt sind? #ARGSUI #WM2014
@Konni

Wirklich beeindruckend, wie klug und diszipliniert die Schweizer verteidigen, ohne zu mauern. Diese Nati macht Spaß! #ARGSUI
@SPORT1

Die größte Chance der ersten Halbzeit bekommt Drmic, der den Ball aber nur schwach direkt in die Arme von Romero hebt.

Das passiert mir bei #FIFA14 auf der Playstation auch immer: Falschen Knopf gedrückt! #Drmic #ARGSUI
@cedricwermuth

In der zweiten Halbzeit übt die Albiceleste zwar deutlich mehr Druck aus, sie scheitern aber immer wieder an der Abwehr oder dem großartig haltenden Diego Benaglio. Folgerichtig geht es daher auch in dieser Partie in die Verlängerung.

Die Schweizer behalten das Torgeheimnis wohl immer noch für sich!
#ARGSUI #WM2014
@swissky

Diese Torlosigkeit wird noch ein Nachspiel haben.
#ARGSUI #WM2014
@RalfdeRaffe

Sieht ein bisschen aus wie 90er-Revival. Viel Körperlichkeit, viele Zweikämpfe, und im Zweifel soll's der Star (Shaqiri/Messi) richten.
#ARGSUI
@TobiasEscher

Ob die Schweiz so viel Lust auf WM-Elfmeterschießen hat? Bisher gab's das für die Elf ein Mal, 2006: alle 3 Elfer gingen daneben.
#argsui
@Sportschau

Die Schweiz fühlt sich schon sicher im Elfmeterschießen, als Argentinien doch noch zuschlägt. In der 118. Minute trifft di Maria und verhagelt Ottmar Hitzfeld seinen Abschied vom Trainerjob.

Dabei hatten wir doch unser Herz längst an diese Schweizer Mannschaft verloren. #ARGSUI
@SPORT1

So ein Schweiz.
#ARGSUI #FussiRiot
@WersGlaubt

In der Nachspielzeit wirft die Nati nochmals alles nach vorne, aber mehr als ein Pfostentreffer in letzter Sekunde gelingt den Schweizern nicht mehr.

177

Der Pfosten Gottes, würde Maradona sagen. #ARGSUI
@SPORT1

Das Pföstli! Das Pföstli!
#ARGSUI
@itstheicebird

Argentinien 1:0 Schweiz (n.V.)

Aufstellung Argentinien: Romero – Zabaleta, F. Fernandez, Garay, Rojo (ab 105.+1 Basanta) – Gago (ab 106. Biglia), Mascherano – Lavezzi (ab 74. Palacio), di Maria – Messi, Higuain

Aufstellung Schweiz: Benaglio – Lichtsteiner, Schär, Djourou, Rodriguez – Behrami, Inler – Xhaka (ab 66. Fernandes), Shaqiri, Mehmedi (ab 113. Dzemaili) – Drmic (ab 82. Seferovic)

Tor: 1:0 di Maria (118.)

Gelbe Karten: Rojo, di Maria, Garay – Xhaka, Fernandes

178

#BELUSA

Dass ein 0:0 schon von der ersten Minute an unglaublich unterhaltsam sein kann, will uns die Partie Belgien gegen die USA beweisen. Schon nach knapp 40 Sekunden kommt Origi zur ersten Großchance, die Tim Howard aber gekonnt vereiteln kann.

Origi, so klappt das nie! Du erwartest viel zu viel, die Belgier passen sehr subtil.
@agitpopblog

Mit viel Tempo geht es weiter, sodass es zu vielen ansehnlichen Aktionen kommt – aber eben zu keinerlei Toren.

Wann sind eigentlich Tore in der ersten Halbzeit aus der Mode gekommen? #BELUSA #WM2014
@martina_kkundk

Sowohl #BEL als auch #USA mit Defensivleistungen, dass sich Per Mertesacker in seiner Eistonne umdreht. #BELUSA
@bestofbelarethy

Kopfball USA, oder poetischer: „Zusi in the sky with diamonds"
#BELUSA
@nieschwietz

So ein Spiel will doch nur durch einen Van-Buyten-Kopfball in der 85. entschieden werden. #BELUSA
@marti8nez

Schuld an der Torflaute ist abermals der Torhüter. Tim Howard packt über die gesamte Spielzeit insgesamt 16 Paraden aus und hält die Amerikaner so fast im Alleingang über Wasser.

Bei einem möglichen Finale zwischen Deutschland und den USA spielen nur Manuel Neuer und Tim Howard gegeneinander. #wm2014 #belusa
@sportschau

Ich glaub', Tim Howard hat vorm Spiel Ochoa die Hand gegeben. #BELUSA #WM2014 #hältalles
@ReifZahl

Belgien zeigt eigentlich alles, was sie vor der WM zum Geheimfavorit gemacht hat. Bloß keine Tore.
@stadioncheck

Neben Howard fällt aber auch Jermaine Jones immer wieder auf, der in diesem Achtelfinale kämpft wie ein Verrückter und nach kurzen Verletzungspausen immer wieder aufs Neue anrennt.

Die Leiden des Jermaine Jones. Bei dieser WM bekommt er alles zurück.
@Peter_Ahrens

So ein doppelter Nasenbeinbruch bringt Jermaine Jones nicht aus der Fassung. #BELUSA
@SPORT1

Diese überragende Leistung sorgt schließlich dafür, dass sich die Amerikaner trotz des pausenlosen belgischen Beschusses in die Verlängerung retten können.

Mein Biorhythmus braucht ein Tor in der regulären Spielzeit. #BELUSA

@MoDeutschmann

Andererseits: Ist das zweitspaßigste Viertelfinale nach Brasilien gegen Chile. Das schaut man sich gerne weiter an.
@TobiasEscher

Die FIFA überlegt, bei der nächsten Weltmeisterschaft die ersten 90 Minuten in der K.O.-Runde abzuschaffen. #BELUSA
@herr_stiller

Die Verlängerung bringt dann statt vieler vergebener Großchancen endlich auch die ersten Tore. De Bruyne trifft in der 93. Minute und 12 Minuten später legt Lukaku noch das 2:0 drauf.

Das Tor war der 33. Torschuss der Belgier in dieser Partie. Dazu kommen 16 Ecken, 22 Flanken, 6 Kopfbälle. Überlegen. #wm2014 #belusa
@sportschau

Gleiche Flaggenfarben, gleicher Spielablauf. Sieht nach Plagiat aus. #belusa
@ILDYI

Nach dem Zwei-Tore-Rückstand hat die USA aber keinesfalls aufgegeben. Zwei Minuten nach Lukaku trifft Julian Green, der zuletzt in der Regionalliga eher gegen Vereine wie TSV Buchbach, Eintracht Bamberg oder SV Schalding-Heining auf dem Platz stand.

Funfact: Julian Green erzielte zuletzt am 27. Oktober 2013 ein Tor. Gegen den SV Heimstetten. #BELUSA
@flopumuc

Julian Green. Kannst du dir nicht ausdenken. #BELUSA #FCBA-

mateure
@breitnigge

Die nun folgende Schlussoffensive der Amerikaner wird nicht mehr belohnt, sodass Belgien mit einem unter dem Strich verdienten 2:1 im Viertelfinale steht.

Wegen solcher Spiele sind wir doch Fußball-Fans geworden, oder?
#BELUSA
@SPORT1

Belgien 2:1 USA (n.V.)

Aufstellung Belgien: *Courtois – Alderweireld, van Buyten, Kompany, Vertonghen – Witsel, Fellaini – Mertens (ab 60. Mirallas), de Bruyne, Hazard (ab 111. Chadli) – Origi (ab 91. Lukaku)*

Aufstellung USA: *Howard – F. Johnson (ab 32. Yedlin), Gonzalez, Besler, Beasley – J. Jones, Cameron – Zusi (ab 72. Wondolowski), Bradley, Bedoya (ab 105.+2 Green) – Dempsey*

Tore: 1:0 de Bruyne (93.), 2:0 Lukaku (105.), 2:1 Green (107.)

Gelbe Karten: *Kompany – Cameron*

DAS VIERTELFINALE

Egal, wer am Ende Weltmeister wird, man wird schreiben: „Nach einem schwachen Achtelfinale steigerte sich das Team bis zum Titelgewinn.“
@TobiasEscher

Seit Twitter ist Fußball ja mehr so ein Hörspiel.
@khun_chris

#FRAGER

Insbesondere nach dem knappen 2:1 haben die Deutsche Nationalmannschaft und ihr Trainer Jogi Löw viel Kritik einstecken müssen. Die heutige Aufstellung gibt da den ganzen Kritikern und Hobby-Bundestrainern Genugtuung, denn Löw hat zahlreiche „ihrer" Forderungen erfüllt.

#Löw liefert, was viele gefordert haben. #Lahm RV, #Khedira/#-Schweinsteiger, #Klose Sturm, 4231 ... Und #Merte noch in der Eistonne? #frager
@Matthias_aus_Do

Stark von Löw! Er hält an Neuer fest. #GERFRA of
@zeitonlinesport

Kann einer bitte Merte auftauen? Danke! #eieistonne
@sportkultur

#Merte „IST" 'ne Bank, Jogi!! Tausend Mal erklärt ... Mann. #frager
@BurningBush78

Wenn wir heute verlieren, sind 80 Mio. Trainer auf einmal arbeitslos! #FRAGER #GER #GERFRA #WM2014
@ManfredAlbrecht

Beide Teams starten das Spiel in der Mittagshitze von Rio di Janeiro zunächst verhalten – das erste Tor fällt trotzdem schon äußerst früh. Die erste Standardchance kann Deutschland sofort zum 0:1 nutzen, indem die Ecke von Toni Kroos passgenau auf dem Kopf von Hummels landet.

Hummels. Fieber. Hoffe, die sieben anderen haben einen ähnlichen

Krankheitsverlauf. #FRAGER
@ruhrpoet

Gehummelt wurden sie schon, jetzt müssen wir die Franzosen noch müllern, dann können wir das Spiel klosen ...
#FRAGER
#GERFRA
@ContractSlayer

Nach dem Tor ist die deutsche Mannschaft damit beschäftigt, den knappen Vorsprung aufrechtzuerhalten. Da das Spiel von dort an viele enge Szenen und eine große Spannung bietet, arbeiten sich die Fans weniger an Situationen, als an den verschiedenen Spielern ab.
Während die Defensive sicher steht, wird die Offensive stärker kritisiert – insbesondere der Lieblingsspieler Özil.

Achtung, Robben spielt mit, er hat sich als Müller verkleidet! #FRAGER
@Nachgedenkt

Dieser Özil hat einen Zwillingsbruder, oder? Und die haben Ende der Hinrunde bei Arsenal die Rollen getauscht, ODER?! #FRAGER
@breitnigge

Özil beim körperlosen Spiel – man sieht ihn überhaupt nicht auf dem Feld. #WM2014 #FRAGER
@uwolf67

Die Rettung für Özil: Eine Transfusion mit Müller-Blut! Vielleicht reicht auch der Schweiß! #WM2014 #FRAGER
@Wissenssucher

Wie nennt man die Position, die Özil spielt? Unsichtbare 8? #FRA-

GER
@Nico

Am meisten Aufmerksamkeit bekommt aber Hummels, der nicht nur wegen seines Tores zum Man of the Match wird.

Neuer muss sich nach dem Algerien-Spiel geklont haben und einen dann als Mats Hummels verkleidet haben. #FRAGER
@SPORT1

Hummels ist der neue Neuer. #FRAGER
@HansSarpei

Hummels hat drei Beine, oder? So oft, wie der im letzten Moment noch die Gräten dazwischen hat. Hammer. #FRAGER
@flopumuc

Als die deutsche Abwehr in der letzten Sekunde doch einmal wackelt und Benzema zum Schuss kommt, reißt Neuer einen Arm hoch und sichert so den Halbfinaleinzug der Deutschen.

Da war euer Neuer-Arm! Eine Saison lang perfektioniert! Haha. #FRAGER
@marti8nez

Neuer hatte den Ball von Benzema schon gehalten, da hatte sich sein Schatten noch nicht mal bewegt. #FRAGER
@GNetzer

Die Franzosen werden sich noch ein paar Mal fragen, warum sie dieses Spiel verloren haben. #frager
@Reporter_vorOrt

Eine fade Dreckspartie mit 1:0 aus einem Standard gewinnen.

Der deutsche Fußball wird endlich wieder authentisch. #FRAGER
#wmaut
@stefherl

1 gutes Spiel + 2 okaye + 2 miese = Halbfinale. #frager
@senSATZionell

Frankreich 0:1 Deutschland

Aufstellung Frankreich: *Lloris – Debuchy, Varane, Sakho (ab 71. Koscielny),*
Evra – Cabaye (ab 73. Remy) – Pogba, Matuidi – Valbuena (ab 85. Giroud),
Benzema, Griezmann

Aufstellung Deutschland: *Neuer – Lahm, J. Boateng, Hummels, Höwedes –*
Schweinsteiger – Khedira, T. Kroos (ab 90.+2 Kramer) – T. Müller, Özil (ab 83.
Götze) – Klose (ab 69. Schürrle)

Tor: *0:1 Hummels (12.)*

Gelbe Karten: *– Khedira, Schweinsteiger*

#BRACOL

Im zweiten Viertelfinale halten sich Brasilien und Kolumbien nicht lange mit einer Abtastphase auf, sondern starten gleich mit viel Zug zum Tor – insbesondere die Brasilianer gewinnen schnell die Überhand und können diese auch durch Thiago Silva in der 7. Minute in die 1:0-Führung ummünzen.

Ist das so eine „Volle-Pulle-bis-Akku-leer-Kloppo"-Taktik von Scolari? Mal schauen, wann der Tank leer ist ... #BRACOL
@breitnigge

Auch nach dem Gegentor bleibt das Tempo hoch, es kommen aber auch immer härtere Fouls hinzu. Das Hauptthema des Abends ist dort dann leider einmal wieder nicht das Spiel selbst, sondern die sehr großzügige Linie des Schiedsrichters. Der Spanier Carlos Velasco verteilt lange Zeit unabhängig von der Foul-Härte keinerlei Karten.

Kann in der Halbzeit bitte Howard Webb eingewechselt werden? #BRACOL
@ElCobra

Das ist doch ein Witz! #Foul #Tritt #keinGelb #BRACOL
@breitnigge

Hulk und Neymar sind vorbelastet. Der Schiedsrichter gibt sicherheitshalber niemandem Gelb. 1+1.
@spielbeobachter

Erst als Thiago Silva in der 64. dem Torhüter in einen Abstoß springt, zückt der Velasco die Gelbe Karte. Es ist nicht die einzige Szene, in der die Selecao durch rumpeligen Fußball auffällt.

Für Fouls gibt's heute keine Karten, nur für Dummheit. #BRACOL
@radioactivegrrl

GELBE KARTE! Ich fass' es nicht. Und Thiago Silva ist gesperrt im
nächsten Spiel. Unfassbar. #BRACOL
@breitnigge

Haha, FIFA-Logo-Reenactment #BRACOL #WM2014
@manuspielt

Bis zur ersten Gelben Karte wurden 40 Fouls verübt. #BRACOL
@TobiasEscher

Die Selecao wird selbst beim Holzen und Grätschen bejubelt. Brasili-
en entdeckt den Ruhrpott in sich. #WM2014 #BRACOL
@uwolf67

Die Halbfinalträume der Kolumbianer werden nach 69 Spielminuten stark erschüttert, als David Luiz einen Freistoß direkt zum 2:0 verwandelt.

Was für ein sensationell großartiges Tor von David Luiz – ein wahn-
sinniger Kracher per Freistoß ins Netz genagelt! #wm2014 #bracol
@sportschau

Irgendwie bezeichnend für das Spiel von #BRA, dass zwei Innenver-
teidiger treffen! #WM2014 #BRACOL
@CMetzelder

Ein Elfmetertor zehn Minuten vor Schluss durch James
Rodriguez macht das Spiel nochmals spannend, kann aber
letztlich den Sieg der Brasilianer nicht verhindern.

Jetzt Kolumbien on fire. #ilike #BRACOL
@breitnigge

Im Anschluss an diesen Elfmeter sehen Sie: Das brasilianische Nervenflattern! #BRACOL
@Marvin_Ronsdorf

Zwei Minuten vor dem Abpfiff kommt es allerdings noch zu einer extrem unschönen Szene, die neben den vielen Fouls wohl am längsten von diesem Viertelfinale in Erinnerung bleiben wird. Zuniga springt von hinten in den Stürmerstar Neymar herein und trifft ihn mit dem Knie im Kreuz. Der Brasilianer muss unter Schmerzen vom Platz getragen werden. Später wird herausgefunden, dass er sich in der Szene einen Wirbel gebrochen hat und das Turnier für ihn somit beendet ist.

Brasilien ohne Neymar gegen Deutschland würde doch irgendwie auch keinen Spaß machen. Oder was meint ihr? #BRACOL
@SPORT1

Sorgt #COL gerade dafür, dass gegen #GER nur eine B-Elf von #BRA auflaufen kann? #BRACOL
@SPORT1fm

Was für ein Schiedsrichter. Wie kann man solch eine Spielleitung „durchziehen" wollen?! #BRACOL
@breitnigge

Schöne Bilder nach dem Sieg. So hart der Fight auf dem Feld war, so innig sind jetzt die Momente nach Abpfiff. Sportgeist. #BRACOL
@ruhrpoet

Wie respektvoll Sieger und Verlierer nach dem Spiel miteinander umgehen können. Ganz groß. #fairplay #BRACOL #WM2014

190

@emtege

54 Fouls, vier Gelbe Karten. Finde den Fehler. #BRACOL
@flopumuc

*54 Fouls! Manche Mannschaften schaffen in einer Halbzeit nicht viel
mehr Pässe! #BRACOL*
@SPORT1

Brasilien 2:1 Kolumbien

Aufstellung Brasilien: Julio Cesar – Maicon, David Luiz, Thiago Silva, Marcelo
– Fernandinho – Paulinho (ab 86. Hernanes) – Oscar, Neymar (ab 88. Henrique), Hulk (ab 83. Ramires) – Fred

Aufstellung Kolumbien: Ospina – Zuniga, C. Zapata, Yepes, Armero – C. Sanchez – Cuadrado (ab 80. Quintero), Guarin, Ibarbo (ab 46. Ramos) – James
Rodriguez – Gutierrez (ab 70. Bacca)

Tor: 1:0 Thiago Silva (7.), 2:0 David Luiz (69.), 2:1 James Rodriguez (80.)

Gelbe Karten: Thiago Silva, Julio Cesar – James Rodriguez, Yepes

---

Schon wieder Neuer.

Das wohl bitterste Foul dieser Weltmeisterschaft.

#ARGBEL

Wie in jedem Viertelfinalspiel bisher, kommt es auch zwischen Argentinien und Belgien zu einem äußerst frühen Tor. Gleich nach acht Minuten wird ein Pass von di María unglücklich von Vertonghen abgefälscht, landet erst direkt vor den Füßen von Higuain und sofort darauf im Netz.

Gerade wollte ich schreiben, dass es nicht das Turnier des Gonzalo Higuain ist. Gott sei Dank hab' ich's nicht getan. #ARGBEL
@Peeknicker

Nach dem Tor versucht Argentinien zunächst den Aufwind zu nutzen, verschleppt dann aber mehr und mehr das Spiel – die Fans bekommen so viel Gelegenheit, sich über die Randerscheinungen Gedanken zu machen, etwa die Aussprache von Kevin de Bruyne, ...

Die Stammesgruppe der Réthys kennt über 20.000 Bezeichnungen für „de Bruyne". #ARGBEL
@textautomat

„de Bröhne"
„de Brüne"
„de Brönn"
„de Bröine"
„de Brünng"
„de Bräune"
„de Brone"
„de Briene"
#lasttweet #Réthy #ARGBEL
@textautomat

Ich fiebere darauf hin, dass de Bruyne den Ball bekommt, nur um eine neue Aussprache des Namens durch Béla Réthy kennenzulernen. #ARGBEL
@itsme_Franzi

... alte Bekannte aus der Bundesliga ...

Dass sich Bayerns einstige Wackel-Abwehr noch mal in einem WM VF trifft, hätte 2010 auch niemand gedacht. #vanbuyten #demichelis. #ARGBEL
@Floaijan

... oder das komödiantische Potenzial des Namens „di María". Diese flachen Witze finden allerdings ein jähes Ende, als di María sich nach einer knappen halben Stunde am Oberschenkel verletzt und vom Platz gehen muss.

Hinweis: Die Di-María-Witze wurden übrigens gerade mit ausgewechselt. Spiel läuft weiter. #argbel #wm2014
@sportschau

Da Argentinien im Rest des Spiels nicht daran interessiert ist, den Abstand zu erhöhen, und Belgien nie wirklich gefährlich vor das Tor kommt, bleiben die zweiten 45 Minuten genauso ruhig und ereignisarm wie der erste Durchgang.

Die Mitarbeit der Timeline bei #ARGBEL ist nicht so stark wie sonst bei der WM. So geht das nicht. Für uns ist alle die sechste Stunde.
@phil_aich

Die Partie weckt in mir Erinnerungen an meine alten Spanisch-Vokabelstunden. Ständig fallen mir die Augen für ein paar Sekunden zu. #ARGBEL
@BenniZander

#ARG und #BRA liefern sich das Gesangsduell auf den Rängen.
Auf dem Rasen läuft #ARGBEL.
Allerdings mit weniger Dampf ...
#WM2014
@SPORT1

Belgien heute mit einem Theofanis-Gekas-Gedächtnisspiel. #abseits
#ARGBEL
@spox

Wenn man mit Im-Abseits-Stehen weiterkommen würde, wäre
#BEL klarer Sieger.
#ARGBEL #WM2014
@SPORT1

Abgezocktheit gewinnt gegen Romantik. #argbel #WM2014
@stadtneurotikr

Argentinien 1:0 Belgien

Aufstellung Argentinien: *Romero – Zabaleta, Demichelis, Garay, Basanta – Biglia, Mascherano – di Maria (ab 33. Perez), Lavezzi (ab 71. Palacio) – Messi, Higuain (ab 81. Gago)*

Aufstellung Belgien: *Courtois – Alderweireld, van Buyten, Kompany, Vertonghen – Witsel, Fellaini – Mirallas (ab 60. Mertens), de Bruyne, Hazard (ab 75. Chadli) – Origi (ab 59. Lukaku)*

Tor: *1:0 Higuain (8.)*

Gelbe Karten: *Biglia – Hazard, Alderweireld*

#NEDCRC

Auch wenn die Niederländer als haushoher Favorit in diese Partie gehen, ist von dem einmaligen Offensivfußball ihres ersten Vorrundenspiels nur noch wenig zu sehen. Sie sind zwar über die gesamte erste Halbzeit bemüht, Costa Rica verteidigt dagegen allerdings mit Mann und Maus und lässt in den ersten 90 Minuten kaum eine attraktive Aktion zu.

Viertel Stunde gespielt.
Kein Torschuss.
Zwei extrem defensive Teams.
#nedcrc #WM2014
@SPORT1

#ned gegen #crc ist auch das Duell Vizeweltmeister gegen aktueller Inoffizieller Fußballweltmeister![4]
#CRC #nedcrc
@Thermitbomber

Langweiliger als den Bayern beim Spielen zuzusehen ist es, den Holländern zuzusehen, wie sie wie die Bayern spielen. #NEDCRC #WM2014
@Konni

---

4   Die Unofficial Football World Championship wird im Gegensatz zum realen WM-Titel in einem System vergeben, wie es aus dem Boxsport bekannt ist. Jedes Länderspiel des amtierenden Titelträgers ist ein Titelspiel und der Gewinner ist der neue/alte Champion. Uruguay ging als inoffizieller Fußballweltmeister in diese WM, wurde von Costa Rica in der Vorrunde besiegt und die Mittelamerikaner sind seitdem ungeschlagen. Dadurch, dass es Costa Rica in die K.O.-Runde geschafft hat, wird der Weltmeister automatisch auch Unofficial Football World Champion.

Wenn die Griechen mauern, schimpfen alle. Bei Costa Rica finden das viele erfrischend ... #nedcrc
@ThomasTrukesitz

Würde mich nicht wundern, wenn die FIFA-Weltregie gleich auf Neymars Röntgenbilder umschaltet. Ist! Das! Öde! #NEDCRC
@voegi79

Wer durch das Stahlbad Iran-Nigeria gegangen ist, der sitzt das hier auf einer Pobacke ab! #WM2014 #NEDCRC
@Das_BinIchHier

Wenn es die Niederländer dann doch einmal gefährlich vor das costa-ricanische Tor schaffen, scheitern sie entweder am Torhüter, ...

Na vas hält der denn noch alles? #NEDCRC #WM2014
@Konni

... der beispiellosen Abseitsfalle ...

Die Linienrichter werden morgen Muskelkater im Fähnchenarm haben. #wmtweet
@Koenigvonsiam

Wer nach diesem Spiel immer noch nicht weiß, was ein Abseits ist, der ist selber schuld. #nedcrc #WM2014
@donnerkugel

... oder an sich selbst.

Van Persie macht eine 297-prozentige Chance nicht rein. #nedcrc #wm2014
@sportschau

Der halbe niederländische Mannschaftsbus rauscht am Ball vorbei.
@dogfood

Ganz folgerichtig geht es also torlos in die Verlängerung. Dort wird der fruchtlose Einbahnstraßenfußball fast 1:1 fortgesetzt, so dass man sich langsam auch mit dem Gedanken anfreunden darf, dass Costa Rica eine realistische Chance auf einen Halbfinaleinzug hat.

Dieses Halbfinal-Orakel zieht schon den ganzen Abend in unserer
TL vorbei:
A rgentinien
B rasilien
C
D eutschland
#nedcrc #wm2014
@sportschau

Übrigens: Die gesamte Mannschaft von Costa Rica hat den gleichen
Marktwert wie Jerome Boateng.
#NEDCRC #WM2014
@EtienneToGo

Frau H.: „Wieso kommste jetzt erst ins Bett?" Ich: „Tut mir leid, Ver-
längerung." „Ach, hör' doch auf! Das glaube ich dir nicht mehr!"
#WM2014
@Das_BinIchHier

Die WM ist nichts für Menschen mit kleinen Kindern und sonstige
Frühaufsteher und nichts für gute Vorsätze. #keinbierundfruehins-
bett #NEDCRC
@MartinVolkmar

Gehe davon aus, dass #NED im Elfmeterschießen fünfmal in die

Das Elfmeterschießen ist fast erreicht, als sich Louie van Gaal mit einem ungewöhnlichen Schachzug noch einmal ins Rampenlicht stellt. In der letzten Minute der Verlängerung wechselt er den Torhüter – Krul kommt für Chillessen.

Auch 'ne feine Geste, wenn du 120 Minuten die Null hältst und dann kurz vorm Elfmeterschießen ausgewechselt wirst. #VanGaal #nedcrc
@DavidGutensohn

Pure Psychologie: Krul hat nur 2 von 20 Elfern in der PL gehalten. LvG nimmt sich also (mal wieder) wichtiger, als das Team mit d. Wechsel.
@GNetzer

Krul ist kein Elfmeterkiller. Das ist nur ein wahnsinniger van-Gaal-Psychotrick, um die Gegner zu entmutigen. Ob's hinhaut?
@TobiasEscher

Er sieht die Chance, dass nicht der Torhüter das Elfmeterschießen gewinnt, sondern der Trainer.
@GNetzer

Nur wenige Minuten braucht Krul auf dem Platz, bis er im Internet zur Hassfigur aufsteigt. Der Niederländer hält zwar zwei Strafstöße, bringt die Niederlande in die nächste Runde und könnte als Held gefeiert werden, hat aber durch sein Auftreten die Sympathien vieler verspielt. Vor jedem Elfmeter ist er auf die Schützen zugegangen, um sie einzuschüchtern und sich so einen Vorteil zu verschaffen.

Selten so einen unsympathischen Torwart gesehen. Total unsportlich

199

sowas. Schade, dass er sich Held nennen darf! #NED #nedcrc
@DavidGutensohn

Da schafft es ein einziger Torwart, die Sympathien aller neutralen
Zuschauer in vier Minuten zu verspielen!! #NEDCRC #krul
@senSATZionell

Was habt ihr denn alle gegen gepflegten Trash-Talk?? #Krul #NED-
CRC #WM2014
@Mingablog

Nach dem Torwart, der 120 Minuten den Kasten sauber gehalten
hat, fragt jetzt keiner mehr ... #NEDCRC
@apfelnase

Niederlande 4:3 Costa Rica (n.E.)

Aufstellung Niederlande: Cillessen (ab 120. Krul) – de Vrij, Vlaar, Martins Indi
(ab 106. Huntelaar) – Kuijt, Wijnaldum, Sneijder, Blind – Robben, van Persie,
Depay (ab 76. Lens)

Aufstellung Costa Rica: Navas – Gamboa (ab 79. Myrie), Acosta, Gonzalez,
Umana, Junior Diaz – Tejeda (ab 97. Cubero), Borges – Ruiz, Bolanos – J.
Campbell (ab 66. Urena)

Tore: -

Gelbe Karten: Martins Indi, Huntelaar – Junior Diaz, Umana, Gonzalez,
Acosta

Elfmeterschießen: 0:1 Borges trifft; 1:1 van Persie trifft; Krul hält bei Ruiz; 2:1
Robben trifft; 2:2 Gonzalez trifft; 2:3 Sneijder trifft; 3:3 Bolanos trifft; 4:3 Kuijt
trifft; Krul hält bei Umana

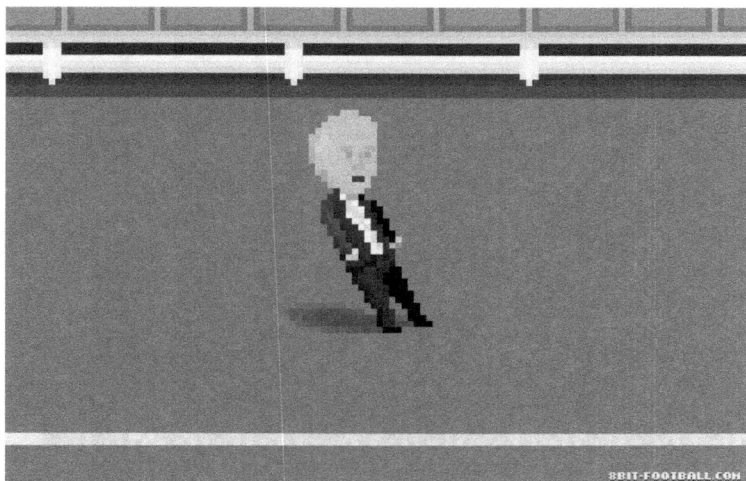

Higuain verschießt und Sabella wird zum Meme-Material.

Van Gaals Meisterstück.

DAS HALBFINALE

Stelle mir vor, wie Menschen bei kleinsten Berührungen umfallen wie
Fußballer. Das wär' ein Spaß in der S-Bahn. #WM
@dielilly

Wenn Fußball eine Religion ist und die #FIFA ihre Kirche, wo zum
Teufel steckt dann Martin Luther?
@boedefeld_

Wann winkt der erste Spieler, wenn er sich im Spiel auf der Videowand
entdeckt? #WinkeM
@oliverwurm

#BRAGER

Zum zweiten Mal in der Geschichte der Fußball-Weltmeister-
schaft treffen sich die beiden erfolgreichsten Mannschaften im direkten Duell. Zwar gehen die Brasilianer mit den
Ausfällen von Neymar und Thiago Silva in das Spiel, dafür
haben sie ein ganzes Land im Rücken, das sich sehnlichst
den Sieg bei der Heim-WM wünscht.

Weidenfeller läuft ein, sieht die gelbe Wand und winkt spontan.
Macht der Gewohnheit. #BRAGER #bvb
@oliverwurm

Miroslav Klose ist der einzig verbliebene Spieler des WM-Finales
2002. Für ihn wurde damals Oliver Bierhoff eingewechselt. #wm2014
#brager
@sportschau

Mein „Klose-Rekordtorschützen-Tweet" möchte übrigens heute end-
lich aus dem Entwürfeordner entlassen werden ...
#BRAGER
@Tina__3588

Schon in der brasilianischen Hymne stecken abermals viele
Emotionen. Die Spieler schmettern sie mit voller Wucht und
halten dabei in Erinnerung an ihren verletzten Kollegen ein
Neymar-Trikot in die Höhe.

Der kleine Pathos möchte bitte aus Brasilien abgeholt werden. Der
kleine Pathos. (Ein Neymartrikot, echt.) #GERBRA
@habichthorn

Nach einem ordentlichen Start in die Partie muss Brasilien allerdings bereits nach elf Minuten den Rückstand hinnehmen. Wieder einmal ist es eine Ecke, von Kroos direkt zu Müllers Fuß geflankt, die zum Torerfolg führt. Béla Réthy ist sich dabei zuerst nicht ganz sicher, ob es nicht vielleicht doch Abseits war.

Tor!
Nein!
Doch!
ORRRR!
Béla Réthy ist Louis de Funès. #BRAGER
@textautomat

Kurz kommen die Brasilianer noch zurück in die Partie, bevor sie sich endgültig verabschieden und die unglaublichsten sechs Minuten dieser Weltmeisterschaft beginnen. Erst freut man sich noch mit Klose über seinen Torrekord, ...

Von der kleinen SG Blaubach-Diedelkopf zum WM-Rekordtorschützen: Herzlichen Glückwunsch, Miroslav Klose! #BRAGER
@spox

... keine Minute später trifft Toni Kroos, ...

Seit dem heulenden Jungen mit der Brille beim 0:3 kann ich mich nicht mehr freuen ...
@santapauli1980

Brasilien möchte bitte aus dem Bällebad abgeholt werden!
#BRAGER
@EtienneToGo

... exakt 69 Sekunden später macht Kroos sein Doppelpack perfekt ...

Ich traue mich nicht mehr zu blinzeln. Könnte. Tor. Verpassen.
#BRAGER
@koerber

Ich dachte erst, das sei die Wiederholung vom dritten Tor. #brager
@NelaLee

... und drei weitere Minuten braucht es, bis auch Khedira einnetzen darf.

Gleich ziehen alle Brasilianer die Maske vom Gesicht und sind Kurt Felix. #BRAGER
@hellojed

Bitte nicht aufwecken – wir träumen gerade so schön! #BRAGER
#WM2014
@ARDde

Jetzt steht es 5:0 – nach dreißig Minuten – mit vier Toren innerhalb von sechs Minuten. Nur die Wenigsten schaffen es auf Twitter, bei diesem Fabelspielstand ihre Worte noch irgendwie überlegt in 140 Zeichen zu pressen – zu verrückt ist das gerade Gesehene.

Freunde, es gibt keine 140 Zeichen, die DAS beschreiben könnten!
Merkt euch diesen Tag, das ist Sportgeschichte! #brager
@Sky_Sascha

So schnell war selbst noch kein Länderspiel gegen Malta entschieden.
#BRAGER
@AndreasCueppers

+++EIL+++ Suche Wagenheber für meinen Unterkiefer. #BRAGER
@DFB_Team +++EIL+++
@Die_Mutti

Das war für alle Kinder auf dieser Welt, die nur die erste Halbzeit sehen dürfen. Danke, Fußballgott. #BRAGER
@cybersoccer

So grausam das Tor von Grosso in der 119. war, im eigenen Land im WM-HF nach 30 Min 0:5 abgeschlachtet werden, ist eine andere Hausnummer.
@marti8nez

Brasilien bekommt absolut kein Bein mehr an den Boden und kann letztlich froh sein, in dieser desolaten Halbzeit nicht noch mehr Tore kassiert zu haben.

Definiere Deutschland!
5:0, schön und gut, die hätten aber auch zweistellig ...
*@derVossi_*

Es stellte sich als hervorragende Idee heraus, erst zur zweiten Halbzeit einzuschalten. #BRAGER
@bballinski

Nach dem Pausenpfiff gehen die Brasilianer zwar wieder etwas selbstbewusster aufs Feld, den Trend können sie aber nicht stoppen. Nachdem Schürrle für Klose eingewechselt wurde, will sich dieser auch noch in die Torschützenliste eintragen und erzielt in der 69. Minute das 6:0.

0:6. Bin gespannt, wie Brasilien im 2. Satz reagiert. #BRAGER
@KaiFeldhaus

So oft wie ihr „Tor" twittert, wird die NSA schon ganz wuschig

206

#BRAGER
@dominikhammes

Mal eben Aktien eines brasilianischen Taschentuchherstellers kaufen. #BRAGER
@Lokoschat

Sammamal so ... 's Ergebnis isch höggschd erfreulich! #BRAGER
@manuspielt

Schürrles Traumtor in der 79. Minute zum 7:0 bringt zahlreiche brasilianische Fans schließlich dazu, aufzustehen und den Deutschen ihren Respekt zu zollen.

Alle Brasilianer im Stadion stehen auf und klatschen ehrlichen Beifall. #GigantenGänsehaut #brager
@Karlo_Kolumna

„Ihr könnt nach Hause fahren", singen deutsche Fans. Gegen Brasilien. In Brasilien. Fußball spielen können Deutsche, Erdkunde nicht. #BRAGER
@onlinegott

In der letzten Minute setzt Oscar mit dem Ehrentreffer für Brasilien dann noch den Schlusspunkt dieser historischen Partie.

Boris Büchler könnte jetzt Per Mertesacker interviewen und fragen, wie es zu dem Gegentor kommen konnte. #wm2014 #brager
@dennishorn

Wahrscheinlich können es die Spieler auf dem Feld genauso wenig fassen wie die Fans vor den Bildschirmen – über Stunden überschlägt sich, zum zweiten Mal nach dem Suarez-Biss, das Internet mit Ausdrücken der Freude, des Respekts und der Fassungslosigkeit.

Fürs Protokoll: Die brasilianische Innenverteidigung bestand heute aus dem teuersten Innenverteidiger der Welt & Dante. *hust* #BRA-GER
@fehlpass

Wir lernen: Wenn die Sportfreunde Stiller keinen Song machen, können wir ins Finale kommen. #BRAGER #fifaworldcup2014
@_holger

Endstand #BRAGER 1:7. Betende, weinende brasilianische Fußballer auf dem Rasen. Sie haben mehr als ein Spiel verloren. (of)
@zeitonlinesport

Wie erklärt man jetzt Fußball-Deutschland, dass es am Sonntag bei 0:0 losgeht? #BRAGER
@Tilman_G

+++EILMELDUNG+++ Argentinien und Niederlande einigen sich, gemeinsam gegen Deutschland im Finale anzutreten.
#GER #BRA
@wortwicht

Selten so viel Mitgefühl mit der unterlegenen Mannschaft gehabt.
#brager
@Sportkultur

#hallohallo Im Fußball war das heute ein Beben der Stärke 7,1. Ein Tsunami wird folgen. Ich suche jetzt höhere Gebiete auf. #BRAGER
@Sky_Rollo

„Und? Haben wir gewonnen?"
„Ja. 7:1!"
„Dann guck' ich halt selber nach."
@namenlos4

208

„Warum hat der doofe Löw nur einen Stürmer zur WM mitgenommen? Wir brauchen doch Spieler, die Tore schießen!"
Alle so vor 4 Wochen.
@gulliverXO

Weiß gar nicht, was ihr alle habt. War doch ein ganz normales Ergebnis für die erste DFB-Pokal-Hauptrunde. #BRAGER
@fluestertweets

Als Fazit dieses Spiels bleibt letztlich nur dieses:

Geschichte live und in HD.
#BRAGER
@_unkaputtbar_

Das größte deutsche Fußballspiel seit dem Wunder von Bern. #BRAGER 1:7 (of)
@zeitonline

Brasilien 1:7 Deutschland

Aufstellung Brasilien: Julio Cesar – Maicon, David Luiz, Dante, Marcelo – Luiz Gustavo, Fernandinho (ab 46. Paulinho) – Bernard, Oscar, Hulk (ab 46. Ramires) – Fred (ab 69. Willian)

Aufstellung Deutschland: Neuer – Lahm, J. Boateng, Hummels (ab 46. Mertesacker), Höwedes – Schweinsteiger – Khedira (ab 76. Draxler), T. Kroos – T. Müller, Özil – Klose (ab 58. Schürrle)

Tore: 0:1 T. Müller (11.), 0:2 Klose (23.), 0:3 T. Kroos (24.), 0:4 T. Kroos (26.), 0:5 Khedira (29.), 0:6 Schürrle (69.), 0:7 Schürrle (79.), 1:7 Oscar (90.)

Gelbe Karte: Dante -

#NEDARG

Nach dem Spektakel aller Spektakel im ersten Halbfinale geht es im Spiel zwischen den Niederlanden und Argentinien deutlich ruhiger zu.

Der Geist sagt #nedarg, doch der Körper will #schlaf.
@annatab

Finale von '78 entscheidet, ob es das Finale von '74 oder '90 gegen den Gewinner der Neuauflage von '02 gibt. #NEDARG
@aufmplatz

Ich kann Mannschaften, die in den ersten 30 Minuten nicht mindestens fünf Tore schießen, nicht ernstnehmen. #NEDARG
@TorstenBeeck

Achtung: Wir verbieten hiermit offiziell alle Gestern-um-diese-Zeitstand-es-schon-X:0-Tweets. #istdurch #wm2014 #nedarg
@sportschau

Was ist das für ein Fußballgott? Scheint ein Kind zu sein. Schon gestern im ersten Halbfinal gleich alle Tore aufgebraucht. #NEDARG
@MatieuKlee

Ja, liebe Freunde, so sieht Fußball aus, wenn keine Mannschaft beschließt, defensives Harakiri zu spielen. #NEDARG
@TobiasEscher

Nach wie vor kann ich mich nicht entscheiden, gegen wen ich mehr sein soll. #NEDARG
@bykuchel

Beide Teams sind defensiv derart diszipliniert (oder sind die

Offensiven so schwach?), dass es über die gesamte Spielzeit zu kaum Torchancen kommt. Spieler wie Arjen Robben werden da fast komplett aus der Partie genommen.

Herzlichen Glückwunsch! Arjen Robben hat jetzt genauso viele Ball-kontakte wie Deutschland Halbfinaltore. #NEDARG
@spox

Gute Taktik beider Teams ... In Deutschland wird schließlich nur noch über die Höhe des Finalsieges spekuliert ... #nedarg
@m_bourkel

Ich hätte da einen Tipp, wozu man das Freistoßspray im Spiel #NE-DARG dringlichst nutzen sollte.
@DrSchlaumixer

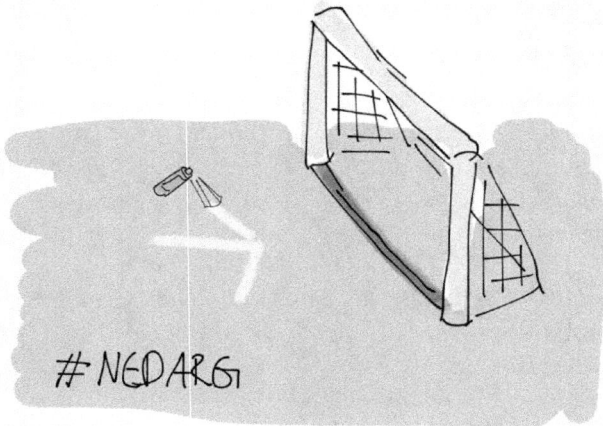

Noch 5x gähnen bis zur Verlängerung.
#NEDARG
@Los_Sindos

Irgendwie schon übertrieben: 120 Minuten Aufwärmen für 10 Minuten Elfmeterschießen ... #NEDARG
@spox

+++ BREAKING +++ Die @sportschau verzichtet auf die Übertragung der Verlängerung und zeigt stattdessen das Finale der Schach-WM 2013. #NEDARG
@Konni

Kein Wunder, dass es also torlos in die Verlängerung geht. Dort kommt es dann zwar zu einigen wenigen Chancen: den letzten Willen, das Elfmeterschießen zu umgehen, kann man aber beiden Teams nicht bescheinigen.

Verlängerung, ein Geschenk. Wie eine Krawatte zu Weihnachten.
#NEDARG
@guek62

Hat irgendein Institut schon ausgerechnet, wie groß der volkswirtschaftliche Schaden durch die vielen Verlängerungen ist? #wm2014
#nedarg
@dennishorn

Ich hoffe ja inständig, die entschuldigenden Gesten nach missratenen Aktionen gelten den Zuschauern. #NEDARG
@wawerka

So schwach das Spiel auch ist: ARG hat in den K.o.-Spielen noch kein Tor kassiert. #nedarg
@Reporter_vorOrt

#hallohallo Gottlob ist Optimist. Er glaubt, das Spiel sei irgendwann

zu Ende. #NEDARG
@Sky_Rollo

Billiges Wortspiel? Check!
Uns würde es #ARG wundern, wenn das heute #NED ins Elfmeter-
schießen geht.
#NEDARG #WM2014
@SPORT1

Im Elfmeterschießen zieht van Gaal dieses Mal nicht seinen
Joker Krul – er hatte zuvor bereits mit Huntelaar seinen dritten und letzten Wechsel aufgebraucht. Cilessen nutzt nun die
Gunst der Stunde nicht, sondern Romero wird zum Helden,
indem er zwei Strafstöße hält und Argentinien so ins Endspiel bringt.

Ein unkrules Ende.
#WM2014 #NEDARG #watsonWM #Brasil2014
@retovoneschen

Ironie der Geschichte: #VanGaal machte #Romero in #Alkmaar erst
zu einem guten Fänger. #NEDARG
@JH_Gruszecki

7 erzielte Tore, 6 Spiele, 1 Finale. Effizienz kann Argentinien. #GE-
RARG
@GNetzer

So viel vorab: Wer so risikolos agiert, muss sich über ein Aus im
11m-Schießen nicht wundern. #nedarg
@Duchateau

Krass, die haben ja tatsächlich einen Sieger des Spiels ermitteln
können. Irgendwie unverdient, dass jemand gewinnen durfte. #NE-
DARG

@Nico

Das Spiel Holland – Argentinien dauerte gestern so lange, dass ich
befürchtete, der Berliner Flughafen wird vorher fertig.
@pappklappe

Niederlande 2:4 Argentinien (n.E.)

Aufstellung Niederlande: Cillessen – de Vrij, Vlaar, Martins Indi (ab 46. Janmaat) – Kuijt, de Jong (ab 62. Clasie), Wijnaldum, Blind – Sneijder – Robben,
van Persie (ab 96. Huntelaar)

Aufstellung Argentinien: Romero – Zabaleta, Demichelis, Garay, Rojo – Mascherano, Biglia – Perez (ab 81. Palacio), Lavezzi (ab 101. Maxi Rodriguez) –
Messi – Higuain (ab 82. Aguero)

Tore: -

Gelbe Karten: Martins Indi, Huntelaar – Demichelis

Elfmeterschießen: Romero hält bei Vlaar; 0:1 Messi trifft; 1:1 Robben trifft;
1:2 Garay trifft; Romero hält bei Sneijder; 1:3 Aguero trifft; 2:3 Kuijt trifft; 2:4
Maxi Rodriguez trifft

214

SPIEL UM PLATZ 3

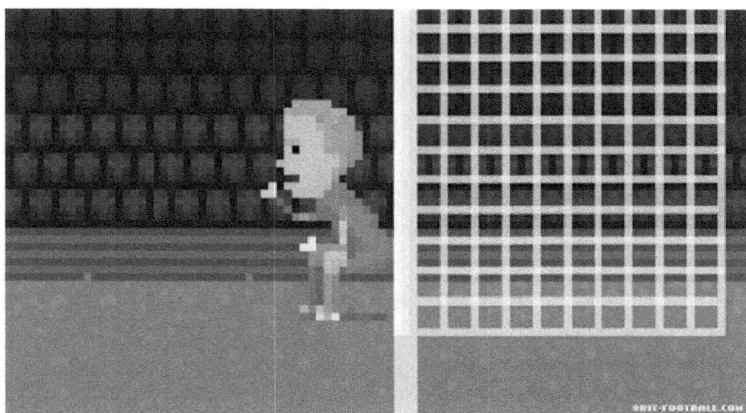

#BRANED

Im Vorfeld sagten sowohl Arjen Robben als auch Louie van Gaal, dass ihnen das Spiel um Platz 3 gestohlen bleiben kann. Auch die Brasilianer würden sich wohl lieber zurückziehen, bekommen nun aber noch einmal die Chance, die Heim-WM zu einem versöhnlichen Abschluss zu bringen.

Die brasilianische Hymne diesmal irgendwie in Moll. #BRANED
@spox

Es wird den Schmerz kaum lindern, ist aber trotzdem eine große Chance für Brasilien! #WM2014 #BRANED #BRA
@CMetzelder

Diese Wiedergutmachung beginnt aber denkbar schlecht. In der zweiten Spielminute sprintet Robben aufs Tor zu, und Thiago Silva kann ihn nur noch per Notbremse am Erfolg hindern. Der Schiri pfeift Elfmeter, gibt eine Gelbe Karte und zieht damit viel Kritik auf sich.

#BRA verteidigt wie gegen #GER. Robben wird als letzter Mann gefoult. Eigentlich Rot, aber der #Referee gibt nur Gelb. #BRANED
@DerWestenSport

Elfmeter und Gelb, statt Freistoß und Rot. Zwei falsche Entscheidungen in einer Situation musst du auch erst mal treffen.
#BRANED #BRA #NED
@SimonLinder

„Es muss einen Rot-Gelben Elfmeterstrafstoß geben, das ist klar."
#BRANED
@Mellcolm

Elfmeter und Gelb, statt Freistoß und Rot. Soll sich wohl ausgleichen. Nun denn. #BRANED
@spox

Dämlichste Ideen aller Zeiten. Heute: Robben in Strafraumnähe am Trikot ziehen. #BRANED
@Garpswelt

Robben ist ein sehr variabler Spieler: Bei #BRANED bekommt er keinen Elfmeter wegen Schwalbe, sondern wegen eines Fouls vor dem Strafraum.
@Regendelfin

Es sollte nicht die letzte Fehlentscheidung der Partie sein. Nachdem van Persie den Foulelfmeter versenkt hat, brauchen die Niederländer nur 13 Minuten, bis der Ball durch Blind wieder im Netz liegt – dieses Mal war es eine Abseitsposition, die übersehen wurde.

#hallohallo Schiris Blind, Torschütze Blind.
@Sky_Rollo

Ey, #NED, ihr könnt doch jetzt nicht anfangen, unser 7:1 zu relativieren! #BRANED
@anegend

Wer die Goldene Ananas kriegt, steht noch nicht fest. Die Goldene Himbeere geht aber schon mal an den Schiri. #BRANED
@spox

Scolari wechselt zur Halbzeit aus. Für Haimoudi kommt Nishimura. #braned
@Sportkultur

Solange sich die Fehlentscheidungen im Spiel um Platz drei ballen und das Finale frei davon bleibt ... #wm2014 #braned
@sportschau

Das 2:0 sorgte dafür, dass die Niederländer sich schon früh zurücklehnen konnten. Brasilien versuchte nun alles, um die Partie irgendwie noch zu drehen – wirklich passende Mittel finden sie aber nicht mehr.

Die #Laufwege von #BRA sind total bizarr. Die haben wohl nur gelernt, sich auf #Neymar und sonst nix zu konzentieren. #braned
@EinAugenschmaus

Die gute Nachricht für die Brasilianer: Der schlechteste Mann auf dem Platz ist immer noch der Schiedsrichter. #BRANED
@einheinser

Wie nennt sich Ansgar Brinkmann eigentlich nach dieser WM und dem Auftritt der Seleçao? Der Weiße ...... #braned
@drevoigt

Danke Brasilien für den eindeutigen Beweis, dass Leistung beim Hymnesingen und Leistung auf dem Platz nichts miteinander zu tun haben.
@hermsfarm

So richtig mies muss die Partie #BRANED ja für Radiokommentatoren sein.
@koerber

In der zweiten Halbzeit strahlen beide Seiten kaum mehr Gefahr aus, und so rückt wieder der Schiedsrichter ins Blickfeld. Erst kommt es zu einer Strafraumszene, in der Oscar zu Unrecht Gelb für eine vermeintliche Schwalbe sieht, ...

Klarer Elfer. Blinder Tritt auf dem Fuß. Aber auch oscarreif der Flug.
#BRANED
@rammc

Blind stellt das Bein raus, Oscar nimmt es überaus dankend an. Weiterspielen wäre zweifellos die beste Entscheidung gewesen. (af)
@rammc

... bevor Robben auf der gegenüberliegenden Seite ebenfalls elfmeterwürdig gefoult wird.

Grundgesetz: Robben bekommt Elfmeter, wenn er keinen verdient. Er bekommt keinen Elfmeter, wenn es einer ist.
@Peter_Ahrens

Den Rest der Halbzeit plätschert das Spiel vor sich hin, bis die Nachspielzeit noch zwei Schlusspunkte setzt. Zunächst trifft Wijnaldum zum 3:0 für die Niederlande.

Jetzt erzielen die Holländer sogar schon ein reguläres Tor! Wahnsinn. #keinelfmeter #abseits
@hirngabel

Brasilien hat bei dieser WM jetzt exakt 7 Mal so viele Gegentore wie Costa Rica kassiert! #BRANED
@spox

Die letzte Aktion des Spiels ist dann noch einmal ein ungewöhnlicher Wechsel. Van Gaal wechselt den Torhüter Vorm ein und hat somit als erster Trainer überhaupt bei einer Weltmeisterschaft jeden Spieler aus dem Kader mindestens einmal eingesetzt.

Van Gaals letzte Amtshandlung als Holland-Trainer schillert noch mal in allen Farben des Wahnsinns: noch mal den Keeper tauschen.

#BRANED
@einheinser

Beschiss beim #ZDF geht weiter: Platz vier bei der WM soll angeb-
lich Brasilien sein.
Täter: I hate you!
#WM2014 #BRANED #DeutschlandsBeste
@MickyBeisenherz

Brasilien 0:3 Niederlande

Aufstellung Brasilien: Julio Cesar – Maicon, Thiago Silva, David Luiz, Maxwell
– Paulinho (ab 57. Hernanes), Luiz Gustavo (ab 46. Fernandinho) – Ramires
(ab 73. Hulk), Oscar, Willian – Jo

Aufstellung Niederlande: Cillessen (ab 90.+3 Vorm) – Kuijt, de Vrij, Vlaar,
Martins Indi, Blind (ab 70. Janmaat) – Wijnaldum, Clasie (ab 90. Veltman), de
Guzman – van Persie, Robben

Tore: 0:1 van Persie (3., Foulelfmeter), 0:2 Blind (16.), 0:3 Wijnaldum (90.+1)

Gelbe Karten: Thiago Silva, Fernandinho, Oscar – Robben, de Guzman

---

DAS FINALE

WORLD CUP 2014

#GERARG

Endlich ist es so weit – das 64. und wichtigste Spiel dieser Weltmeisterschaft steht bereit. Schon vor dem Anpfiff beginnen die ersten großen Diskussionen, denn Khediras Wade zwickt, und für ihn rückt der Gladbacher Christoph Kramer in die Startelf.

1. Länderspiel von Beginn an. Im WM-Finale. Viel Glück! #kramer
@Sportkultur

„Weißt du noch, wie geschockt wir waren, als Kramer von Beginn an einspringen musste?" #GERARG
@GNetzer

So wie Bartels über Kramer redet, hat man das Gefühl, er sei ein Zuschauerkandidat, der ausnahmsweise mitspielen darf. #gerarg
@zeilenkino

Mit dem Anpfiff beginnt dann das große Zittern. Während Brasilien nach kurzer Zeit die Segel strich, geht von Argentinien deutlich mehr Gegenwehr aus. Immer wieder kommen beide Teams zu großen Torchancen.

Gänsehautentzündung. Herzkasper. Nerven. Finalfieber. Nennt es, wir ihr wollt ... Furchtbar ... #GERARG
@spox

Nach einem großen Einsatz rückt Kramer nach einer Viertelstunde wieder in den Mittelpunkt. Der Mittelfeldspieler wird von Garays Schulter getroffen und bleibt zunächst benommen am Boden liegen. Der Gladbacher rafft sich nochmals auf, aber einige Minuten später ist für ihn mit einer Gehirnerschütterung der Abend bereits gelaufen.

Wie krass muss das sein, wenn du überraschend zur #WM2014 fährst, noch überraschender Finale spielst und hinterher nix mehr weißt? #Kramer
@StefHauser

In der ersten halben Stunde müssen die deutschen Fans aber nicht nur wegen Kramer tief durchatmen. Erst landet ein unkontrollierter Kopfball direkt vor den Füßen von Higuain, der aber verschießt ...

Die große Stärke von Higuain ist ja, aus 10 Metern das Tor nicht zu treffen. #gerarg
@turbozopf

Nervenhaushalt preisgünstig abzugeben. Für Bastler. #GERARG
@kaot50

Es gibt Momente, da wird aus #gerarg kurz #gerarrrgh! #wm2014
@sportschau

... und wenige Minuten später trifft Higuain, steht dabei aber im Abseits.

Noch nie wegen Abseits SO heftig gejubelt. NOCH NIE! #gerarg
@tokoo

Sagt dem #Higuain bitte jemand, dass es kein Tor war? Er läuft grad am Kölner Dom bei uns vorbei ... #GERARG
@clockknock

Großchancen gibt es aber auch für die Deutschen, die in Person von Höwedes in der Nachspielzeit der ersten Halbzeit den Ball nochmals an den Innenpfosten köpfen.

Höwedes an den Pfosten ... Ach, Fußballgott, lass doch solche Scher-
ze ... #GERARG
@spox

Jetzt erst mal mit einem Kaffee in der Hand Bungeejumpen gehen
und dabei Dubstep hören, um wieder runterzukommen. #wm2014
#gerarg
@sportschau

Falls Sie mich suchen, ich bin kurz defibrillieren. #GERARG
@ungehalten

Wo sind die Leute, die sonst immer aufs Klo gehen, damit ein Tor
fällt? Ab auf den Pott mit euch! #GERARG #WM2014
@gesichtet

Die unglaubliche Spannung wird auch in der zweiten Halbzeit kaum erträglicher. Gut, dass die Weltregie zur Beruhi-
gung mehrmals den Sonnenuntergang hinter der Christusstatue zeigt.

... und dann zeigte die FIFA-Weltregie vier Sekunden lang den Son-
nenuntergang. Während des WM-Finals. #GERARG
@einheinser

„Und wieder zeigt der Mann vor der Sonne deutlich an: Kein Foul!
Danke an die Regie für diese Einblendung." #GERARG
@GNetzer

„Das war das Wetter. Schalten wir nun zurück zum Spiel."
„Danke, Jesus." #GERARG
@textautomat

Im weiteren Spielverlauf bleibt nicht nur die Spannung, sondern auch die Härte, mit der beide Seiten in die Zweikämpfe gehen. Den härtesten Einsatz eines Deutschen zeigt Manuel Neuer, der sich an der Strafraumgrenze den Ball schnappt, dabei aber mit voller Wucht Higuain abräumt.

Manuel Neuer: Torwart, Abwehr, Mittelfeld, Sturm und nun auch Kampfsportler!
Der Mann kann einfach alles!
#GerArg
@FrolleinBanane

Nach dem Algerien-Spiel hat Neuer gesagt, Toni Schumachers Battiston-Szene habe ihn erschreckt. Diesmal war Neuer selbst nahe dran. #gerarg
@Rafanelli

Manuel „In meiner Freizeit spiele ich gern American Football" Neuer. #GERARG
@textautomat

Gleichstand an Toren, Gelben Karten und Gehirnerschütterungen. #GERARG
@LordCamio

In der letzten Viertelstunde der regulären Spielzeit meiden beide Mannschaften das Risiko und gehen so in die Verlängerung. Dieses Mal wird ein Finale zwischen Argentinien und Deutschland damit nicht in der 85. Minute entschieden.

Wir halten fest: Die 85. Minute ist auch nicht mehr das, was sie mal war ... #GERARG
@spox

Verlängerung! Unfassbar! Täter: I hate you! #wm2014 #gerarg
@dennishorn

In der Nachspielzeit fällt dann nochmals der Schiedsrichter auf, indem er sich vornehm zurückhält. Sowohl Mascherano als auch Aguero haben Glück, dass sie nach Fouls gegen Schweinsteiger nicht mit Gelb-Rot vom Platz fliegen. Der Treffer im Gesicht sorgt zwar für eine Platzwunde, nach kurzer Behandlungsphase steht Schweinsteiger aber wieder auf dem Feld.

Tackern! Dann adoptiert Sammer Schweinsteiger. #gerarg
@Rafanelli

Kampfschweini. Weltklasse! #GERARG
@spox

Die Argentinier mögen ihre Schweinis halt blutig. #GERARG
@uniwave

Klingt komisch, meinen wir aber ganz ernst: 'Ne Sauerei, was da mit dem Schweini gemacht wird. #GERARG
@spox

In der 113. Minute kommt es dann zur lang ersehnten Entscheidung. Schürrle packt alle Reserven aus, sprintet an drei Argentiniern vorbei und flankt auf Götze, der den Ball dann mit viel Gefühl im Netz versenkt.

Von der Seite müsste Götze schießen. Götze schießt. Toooor.
@thorstenfaas

2039 dann bei Markus Lanz: „Herr Götze, wie war das, was haben Sie gefühlt, als Sie damals in Rio den Ball annahmen?"
@Zugzwang74

Die Vorliebe der FIFA-Weltregie für weinende Kinder ist auch trau-

rig. #wm2014 #gerarg
@dennishorn

Die geschockten Argentinier versuchen in den wenigen verbleibenden Minuten zurückzuschlagen, können aber gegen
Manuel Neuer und seine Abwehr nichts mehr ausrichten.
Um 23:36 Uhr MEZ pfeift Nicola Rizzoli ab und Deutschland ist zum vierten Mal Weltmeister.

Vier Sterne Deluxe.
#gerarg #WM2014
@riedeldavid

Ihr seid Papst, wir sind Weltmeister! #GERARG
@sat1

1954
1974
1990
2014
Der Monk in mir ist extrem verstört. #GERARG
@einheinser

Versucht mal so einen Titel zu genießen, wenn ein Neunjähriger mit
aufgeplusterten Eiern neben dir liegt:
„Götze! Wer hat's gesagt, Papsi?"
@ColliniSue

Natürlich gibt es auch nach dem Abpfiff noch zwei kleine
Aufreger. Während die meisten im Freudentaumel versin-
ken, stören sich einige an der Auswahl des Goldenen Balls
und des Man of the Match.

Die Messi-Auszeichnung ist ein Witz. Und den Trostpreis braucht er
auch nicht ... #GERARG

@DoroBaer

Messi kriegt den Golden Ball? Nun denn, soll er haben. Wir nehmen den Pokal. #GERARG
@spox

Götze Man of the Match. Der letzte lächerliche Akt dieser WM.
@Peter_Ahrens

Am Ende überwiegen dann aber doch die pure Freude und die Verneigungen vor den Weltmeistern.

Mario Götze hält ein Trikot von Marco Reus hoch – große Geste. #GERARG
@DerWestenSport

Und Poldi mit der #Effzeh-Fahne in Maracana. Als Arsenal-Spieler. Legend. #GERARG
@Duchateau

Schade, dass „Wetten dass..?" eingestellt wird. Nach der heutigen Nacht kann ich Automarken sicherlich am Hupgeräusch erkennen. #GERARG
@einheinser

Der verstörendste Moment gestern war doch der, als Andreas Bourani im Maracanã gespielt wurde. #GERARG
@koerber

So freundlich wurde der Montag noch nie begrüßt, der wundert sich bestimmt. #gerarg
@BlowballSlider

Poldi kickt mit seinem Sohn im leeren Maracana. Groß #GERARG
@Duchateau

Wenn man Stunden später noch nicht weiß, welchen Einzelspieler man auf den Sockel hieven soll, sagt das viel über die Mannschaft aus.

Helden
@MickyBeisenherz

Deutschland 1:0 Argentinien (n.V.)

Aufstellung Deutschland: Neuer – Lahm, J. Boateng, Hummels, Höwedes – Schweinsteiger – Kramer (ab 32. Schürrle), T. Kroos – T. Müller, Özil (ab 120. Mertesacker) – Klose (ab 88. Götze)

Aufstellung Argentinien: Romero – Zabaleta, Demichelis, Garay, Rojo – Biglia, Mascherano – Lavezzi (ab 46. Aguero), Perez (ab 86. Gago) – Messi, Higuain (ab 78. Palacio)

Tore: 1:0 Götze (113.)

Gelbe Karten: Schweinsteiger, Höwedes – Mascherano, Aguero

Wer will im Finale schon das Spielfeld sehen?

„Mach' ihn! Mach' ihn! Er macht ihn!" (Tom Bartels)

ANHANG

TWEETVERZEICHNIS

233

SPIELVERZEICHNIS

Vorrunde:

Achtelfinale:

Viertelfinale:

Halbfinale:

Spiel um Platz 3:

Finale:

FAQ

Ein Internetbuch verdient zum Schluss auch noch das, was fast jede Internetseite besitzt - ein FAQ. Hoffentlich klären diese Zeilen alle Fragen, die es noch zu diesem Projekt geben könnte.

F: Wieso ist mein Tweet nicht in dem Buch vertreten? Der war doch sooooo lustig/kreativ/toll!
A: So pauschal kann ich das natürlich nicht beantworten. Höchstwahrscheinlich habe ich ihn gar nicht erst gesehen. Bei tausenden Tweets pro Spiel kann schon einmal der ein oder andere untergehen. Wenn ich ihn aber gesehen habe, traf er entweder nicht meinen Humor oder es gab einfach schon zu viele Tweets zu einem Spiel.

F: Du willst mir hier ein Buch verkaufen, das auf Twitter basiert, hast aber keinen einzigen Meme? Wo sind zum Beispiel die ganzen Photoshop-Kunstwerke zu van Persies Tor oder der Beißattacke von Luis Suárez?
A: Für #WM2014 habe ich wirklich ausschließlich Bilder benutzt, bei denen man die Rechte eindeutig klären konnte. Wenn jemand Robin van Persie einen Umhang bastelt oder Angela Merkels Gesicht auf die Christusstatue setzt, stecken da ja gleich mehrere Bilder drin, an denen irgendwer die Rechte besitzt. Im Internet drückt man da gerne ein Auge zu, aber für ein Buch sind diese ganze Bildchen nicht nutzbar.

F: Ich habe zwar selbst keinen Tweet verfasst, hab aber von XY so kreative Sachen gesehen! Wieso fehlen seine/ihre Tweets?

A: *Auch hier gibt es mehrere Möglichkeiten. Sollte ich Tweets angefragt haben - was ja auch nicht immer der Fall ist - hab ich ihn/sie wohl einfach nicht erreicht oder es wurde abgelehnt. Ja, grundsätzlich sind die Tweets „öffentlich", dennoch halte ich es für höflich und sauberer, vor dem Abdrucken zu fragen - schließlich will nicht jeder auch „für die Ewigkeit" festgehalten werden.*

F: Toll... Du machst per „Copy & Paste" einen hingeklatschten Rückblick und kassierst jetzt beim WM-Triumph richtig ab. Schämst du dich nicht?

A: *Nein, eher nicht. Zunächst verdiene ich an diesem Buch keinen Cent. Aller Gewinn geht ausnahmslos an Viva con Agua und wird so für Wasserprojekte in Ländern wie Äthiopien, Uganda oder Nepal verwendet. Zudem wurde ja jeder einzelne Teilnehmer über das Projekt informiert und unterstützt es freiwillig mit seinen Tweets. Der Triumph der deutsche Nationalmannschaft freut mich natürlich, hätte ich aber beim Projekstart im April auch nicht erahnen können. Hätte ich es so früh bereits gewusst, hätte ich auch einfacher Geld für einen guten Zweck verdienen können ;)*

DIE WM IN ZITATEN

Nicht nur Twitter bietet während einer Weltmeisterschaft ein hohes komödiantisches Potenzial. @fums_magazin sorgte dafür, dass auch die lustigen Versprecher und Stilblüten im TV ihren Weg in die Timelines fanden.

„Wir sind freundlich begrüßt worden. Von Menschen, Frauen und Kindern."
(DFB-Generalsekretär Helmut Sandrock)

„Ein frühes Tor schießen. Egal, wann."
(Mehmet Scholl)

„Der belgische Torwart Courtios, ein ganz ganz ruhiger Typ. So ein bissl so wie ich früher."
(Oliver Kahn)

„Wenn der auf die Toilette geht, dann regnet es Eiswürfel."
(ZDF-Kommentator Oliver Schmidt, nachdem Luis Suárez das 2:1 für Uruguay gegen England erzielte)

„Warum macht man sowas?"
„Was weiß ich. Weils schmeckt."
(Oliver Kahn und Oliver Welke im ZDF zur Beißattacke von Luis Suárez)

„Ich hatte eine Gänsehautentzündung."
(Mehmet Scholl über Brasilien gegen Chile)

„Er hat eine absolut professionelle Einstellung. Er geht auch jetzt jeden Morgen zum Frühstück. Unaufgefordert."
(Hansi Flick, Co-Trainer des DFB-Teams, über Toni Kroos)

„Ich leg mich jetzt erstmal drei Tage in die Eistonne und dann analysieren wir das Spiel."
(Per Mertesacker unmittelbar nach dem Spiel gegen Algerien)

„Das war natürlich nicht unbedingt zu erwarten."
(Thomas Müller nach dem 7:1-Erfolg gegen Brasilien)

„Jungs, es war mir eine Ehre... Danke für eine tolle Zeit ohne Eskapaden. V.a. dir, Kevin!"
(Bastian Schweinsteiger nach dem WM-Sieg via Facebook)

„Ich habe Kevin angerufen, aber da war ein sinnvolles Gespräch nicht möglich. Er hat irgendwas reingebrüllt, ich hab's nicht verstanden, aber ich war schon froh, dass er überhaupt abgenommen hat."
(BVB-Trainer Jürgen Klopp über seinen WM-Fahrer Kevin Großkreutz)

Nachtrag 1:

@Fums_Magazin hat sich Gedanken gemacht, was man jetzt mit der Zeit nach der WM anfangen sollte:

DAS GROSSE WIE AUCH NIEDERSCHMETTERNDE

FUMS FUSSBALL MACHT SPASS.

DIE WM IST ZU ENDE - WAS ICH JETZT ZU TUN HABE-BINGO

Dem Freund/ der Freundin mal wieder „Hallo" sagen.	Den Freund/ die Freundin fragen, ob er/ sie beim Friseur war.	Den Freund/ die Freundin fragen, was es sonst so Neues gibt.	Dem Freund/ der Freundin sagen, dass man ab sofort wieder gaaaanz viel Zeit für-einander hat.	Dem Freund/ der Freundin verschweigen, dass bald die Bundesliga wieder losgeht.
Das Deutschland-Trikot ruhig auch mal wieder waschen.	Fähnchen-Reste vom Auto entfernen.	Im Auto nur noch dann hupen, wenn wirklich(!) ein Volltrottel (oder ein Holländer mit Wohnwagen) den Verkehr behindert.	Mal wieder richtig ausschlafen.	**Bier kaufen.**
„högschd" aus dem eigenen Wortschatz streichen.	Die Ausrede „Ich bleib noch wach, um 0 Uhr spielt Ecuador gegen Honduras" streichen.	Sich neue, plausible Gründe für übermäßigen Alkoholkonsum unter der Woche zurechtlegen (Achtung: Markus Lanz zählt schon lange nicht mehr)	Sich bei den Nachbarn entschuldigen für Jubelschreie & Helene Fischer-Musik.	Gern auch mal wieder selbst Sport machen...
Ein Zettel ins Panini-Album legen, auf dem steht, dass das Heft sehr, sehr wertvoll ist.	Panini-Album in der hintersten Ecke des Dachbodens verstauen.	Die CD mit dem Melanie-Müller-WM-Song verbrennen.	Den Gefühlen freien Lauf lassen und hemmungslos weinen.	Dem blöden Kollegen, der die Kicktipp-Runde gewonnen hat, den Einsatz auszahlen.
Fernanda Brandao-Poster im Schlafzimmer entfernen.	Béla Réthy-Poster im Schlafzimmer aufhängen.	Thomas-Müller-Euphorie bremsen. Er ist immernoch ein Spieler des FC Bayern.	ZDF-Strandläufer kaufen und den eigenen Namen draufschreiben.	Sich bei Entzugs-erscheinungen nochmal die FUMS-Arbeits-nachweise reinziehen.

REGELN: ERLEDIGE DIE HIER AUFGEFÜHRTEN AUFGABEN. HAST DU EINE REIHE VOLL, DARFST DU LAUT: „BALD GEHT DIE BUNDESLIGA WIEDER LOS" RUFEN.

MEHR AUF WWW.FUSSBALLMACHTSPASS.DE

Nachtrag 2:

Zum Abschluss noch der Auftrag für 2018:

By the way: Nach einer WM in #Brasilien wurde Deutschland bei der folgenden WM „immer" #Weltmeister :)
1950 / 1954 – See you 2018 #WorldCup

@oliverwurm